Itadakimasu

Guten Appetit auf Japanisch

Itadakimasu

Guten Appetit auf Japanisch

Fumi Dehnst und Anne Schmidt

Christian Verlag

Die Originalausgabe erschien erstmals
2008 im Christian Verlag GmbH,
München

Copyright © 2008
by Christian Verlag GmbH, München
www.christian-verlag.de

Text: Fumi Dehnst und Anne Schmidt
Fotos: René Heckmann
Layout und Design: Anne Schmidt
Redaktion: Silvia Rehder
Korrektur: Dr. Michael Schenkel
Satz und Umschlaggestaltung:
Anne Schmidt
Lithografie: Reproline Genceller,
München

Druck und Bindung:
Graficas Estella SL, Estella
Printed in Spain

ISBN 978-3-88472-793-5

Hinweis

Alle Informationen und Hinweise, die
in diesem Buch enthalten sind, wurden
von den Autorinnen nach bestem Wissen
erarbeitet und von ihnen und dem Verlag
mit größtmöglicher Sorgfalt überprüft.
Unter Berücksichtigung des Produkthaf-
tungsrechts müssen wir allerdings darauf
hinweisen, dass inhaltliche Fehler und
Auslassungen nicht völlig auszuschließen
sind. Für etwaige fehlerhafte Angaben
können Autorinnen, Verlag und Verlags-
mitarbeiter keinerlei Verpflichtung und
Haftung übernehmen.

Korrekturhinweise sind jederzeit
willkommen und werden gerne berück-
sichtigt.

Inhalt

Vorwort

Itadakimasu heißt „guten Appetit" auf Japanisch – und den möchten wir mit diesem Kochbuch wünschen.

Das Gericht, das hierzulande am häufigsten mit japanischer Küche assoziiert wird, ist Sushi. Doch die dekorativen Röllchen, deren Zubereitung Können und Präzision erfordert, stellen nur eine Seite der japanischen Küche dar. Die japanische Alltagsküche besteht hauptsächlich aus einfachen traditionellen Speisen, *Washoku* (wa = japanisch) genannt. Natürlich macht die Neugierde der Japaner auf alles Fremde auch vor ausländischer Küche nicht halt. Der Blick über den Tellerrand reicht von Gerichten chinesischen Ursprungs, die in die *Chuka*-Küche eingegangen sind, wie etwa Hiyashichuka (Seite 110), bis hin zu westlichen Speisen, *Yoshoku* (yo = westlich) genannt, die fantasievoll abgewandelt und angepasst ebenfalls der traditionellen Küche einverleibt werden, wie beispielsweise Korokke (= Kroketten, Seite 40). In diese vielseitige, traditionsreiche und doch moderne japanische Alltagsküche wollen wir mit diesem Buch einen Einblick bieten.

Oft ist es die eher exotische Zutatenliste japanischer Gerichte, die uns davon abhält, uns in dieser Landesküche zu versuchen. Spezialisierte Japanläden befinden sich meist nur in Großstädten und sind somit nicht für jeden leicht zu erreichen. Daher werden für die Rezepte in diesem Buch Zutaten verwendet (siehe auch „Typische Zutaten" ab Seite 8), die man problemlos in Asienläden, Naturkostläden oder gut sortierten Supermärkten erhält. In vielen Fällen kann man auch auf heimische Produkte ausweichen.

Im Gegensatz zu anderen asiatischen Ländern werden in Japan Gewürze äußerst zurückhaltend eingesetzt, um den natürlichen Geschmack der Zutaten nicht zu überdecken. Aus demselben Grund haben schonende Zubereitungsformen, wie Dämpfen und kurze Garzeiten, die nebenbei auch noch gesund sind, meistens Vorrang. Es überrascht immer wieder, wie die gleichen Zutaten je nach Zubereitung unterschiedlich schmecken können. Ein gutes Beispiel dafür sind Shabushabu und Sukiyaki (Seite 54 und 56).

Die klare Ästhetik der japanischen Küche wird geprägt von der Qualität ihrer Zutaten und der Präsentation der Speisen. Die Dekoration muss aber nicht aufwendig sein. Die Gerichte in diesem Buch sollen vor allem einfach nachzukochen und schnell zu servieren sein – und dabei hervorragend munden.

Von größter Bedeutung für die japanische Küche sind frische Zutaten, die im Einklang mit den Jahreszeiten ausgewählt werden. So sind in Japan die Jahreszeiten mit Vorfreuden auf bestimmte Gerichte verbunden. Im Frühling ist das junger Bambus; im Frühsommer Thunfisch *(Kazuo)*; im Sommer sind es Mais *(Tomorokoshi)*, Wassermelone *(Suika)*, Pfirsich *(Momo)* und japanische Birne *(Nashi)*; im Spätsommer ist es Aal

(Unagi), um die Müdigkeit zu vertreiben; im Herbst sind es Auberginen *(Nasu)*, Kürbis *(Kabocha)*, Pilze *(Take)*, Makrele *(Saba)*, Kaki, Apfel *(Ringo)* und Trauben *(Budo)* und im Winter Mandarinen *(Mikan)*.

Ein japanisches Menü besteht nicht aus einzelnen Gängen, die nacheinander serviert werden. Vielmehr werden viele kleine Köstlichkeiten gleichzeitig aufgetischt. Einem Maler gleich kann man sich dann aus der Palette eines japanischen Menüs nach und nach bedienen. Jeder erhält zusätzlich jeweils eine Schale Reis und Suppe sowie eine der Geschmacksvielfalt angemessene Anzahl kleiner Teller und Schalen, auf die man seine Speisen legt. Das Ende eines mehrteiligen Menüs wird mit einer Schale Reis eingeläutet, wozu Tsukemono (eingelegtes Gemüse) und grüner Tee gereicht werden.

Desserts nach einem japanischen Mahl sind eher unüblich, gelegentlich wird jedoch zum Abschluss eines Menüs frisches Obst angeboten. Die süßen Speisen (ab Seite 147) werden in erster Linie zum Nachmittagstee gereicht, um die herbe Note des grünen Tees auszugleichen.

Eine Auswahl an Menüzusammenstellungen für verschiedene Anlässe finden Sie nach dem Rezeptteil (ab Seite 161). Lassen Sie sich davon inspirieren und kombinieren Sie nach Lust und Laune und nach Ihren eigenen Vorlieben. So werden Sie mit der japanischen Alltagsküche schnell vertraut und können beim Kochen Ihren persönlichen Stil entwickeln.

In diesem Sinne: „*Itadakimasu*".

Die meisten Gerichte in diesem Buch sind mit einem Stempel gekennzeichnet und lassen sich damit einer dieser drei Gruppen zuordnen:

 – vollständige Mahlzeit

 – Speisen, die mit einer Schale Reis und Misosuppe zu ergänzen sind

 – Speisen, die sich in ein Menü einfügen lassen

Typische Zutaten

1 Dashi

Fischbrühe aus getrocknetem Thunfisch und/oder getrocknetem Seetang, Salz und Zucker. Fertiges Instant-Dashipulver wird in kochendem Wasser aufgelöst. Ersatz: Gemüse- oder Hühnerbrühe.

2 Grüner Tee (Ocha)

Grüner Tee gehört in Japan zu den beliebtesten Getränken. Bereits morgens wird er als Abschluss des japanischen Frühstücks gereicht, und auch nach jeder weiteren Mahlzeit wird Ocha getrunken. Grüner Tee stammt von derselben Teepflanze wie die indischen und chinesischen Schwarzteesorten, die Teeblätter werden lediglich vor dem Rösten gedämpft, wodurch sie weder die grüne Farbe noch ihre Vitamine (A und C) verlieren. Wird der Tee in Pulverform verarbeitet, wie bei der japanischen Teezeremonie, dann behält er eine Vielzahl seiner Nährstoffe. Aufgegossen ist er eher nährstoffarm, hat aber noch einen hohen Kaliumgehalt, der die Ausscheidung von Salzen im Körper fördert. Das macht ihn zum idealen Getränk für ein salzhaltiges japanisches Essen.

Der edelste unter den japanischen Grüntees ist der *Gyokuro*, dessen Blätter nur im Schatten wachsen; der am häufigsten getrunkene Tee ist *Sencha*, der in verschiedenen Qualitätsstufen zu bekommen ist. Der aus großen gerollten Blättern hergestellte *Bancha* gilt in Japan gemeinhin als einfacher Alltagstee.

Weitere populäre Sorten sind *Hojicha* aus gerösteten *Bancha*-Blättern und *Genmaicha* (Abbildung), eine Mischung aus grünem Tee und geröstetem Reis, welcher als guter Einstieg gilt, die Vielfalt japanischer Grüntees kennenzulernen.

3 Grünes Teepulver (Matcha)

Matcha ist ein aus grünem Tee hergestelltes Pulver, das ursprünglich nur für die Teezeremonie verwendet wurde und aufgrund seiner Qualität oft einen hohen Preis hat. Mittlerweile gibt es billigeres Matchapulver, das ausschließlich für Desserts und Mixgetränke verwendet wird.

4 Ingwer (Shoga)

Ingwer sollte immer so frisch wie möglich verarbeitet werden. Je dicker er ist, desto schärfer ist die Wurzel. Holzigen Ingwer nur noch zum Mitgaren verwenden, nicht zum direkten Verzehr. Ingwer wird oft einem Fleischgericht beigefügt, um das Fleisch noch zarter zu machen. Zu rohem Fisch wird er in Japan gerne wegen seiner antibakteriellen Wirkung gereicht.

5 Mirin

Gesüßter, fermentierter Reiswein, der ausschließlich als Würzmittel beim Kochen verwendet wird. Ersatz: Sherry, Weißwein oder Sake mit Zucker.

6 Miso

Salzige Würzpaste für Suppe, Saucen und Marinaden aus fermentierten Sojabohnen, Reis, Gerste, Wasser und Meersalz.
Es gibt hellere, leicht süßliche (*Shiromiso* auf Reisbasis) und dunkle, salzigere Misopasten (*Akamiso* auf Gerstenbasis).
Miso wird immer erst gegen Ende der Kochzeit, in etwas Wasser aufgelöst, hinzugefügt. Luftdicht verschlossen ist Miso bis zu 3 Monaten im Kühlschrank haltbar.

7 Nori

Geröstete Rotalgenblätter für Sushi. Mit der Schere in Streifen geschnitten eignet sich Nori auch hervorragend als Gewürz für Salate und auf Reis.
Die Verpackung sollte nach jeder Entnahme wieder luftdicht verschlossen werden. Norialgen wachsen in Algenfarmen um Bambusstäbe, die im Wasser stecken. Nach der Ernte werden die Algen gewaschen, getrocknet und zu Blättern gepresst. Zur Verbesserung des Geschmacks und der Textur wird Nori geröstet.
Es enthält viele kostbare Proteine.

8 Reisessig (Kome-Su)

Aus Reiswein hergestellter Essig, der sehr mild im Geschmack ist und ein süßes Aroma besitzt.
Ersatz: weißer Balsamico oder milder Weißweinessig.

9 Sake

Alkoholisches Getränk auf der Basis von Reis, Wasser und Hefe, das missverständlich unter dem Begriff „Reiswein" gehandelt wird, da die Herstellung von Sake eher dem Brauen von Bier ähnelt.

Sake hat einen Alkoholgehalt von etwa 16 %, schmeckt leicht säuerlich und wird im Winter heiß (etwa 50 °C im Wasserbad erhitzt), im Sommer auch gerne eisgekühlt getrunken. In der japanischen Küche wird er oft als Würzmittel eingesetzt. Geöffnet ist Sake im Kühlschrank etwa 3 Monate haltbar.
Ersatz: trockener Weißwein oder trockener Sherry.

10 Sesam (Goma)

Sesamkörner gibt es weiß und schwarz. Schwarzer Sesam ist geschmacksintensiver und etwas weniger ölig als die weiße Sorte. Sesamkörner gibt es roh, gemahlen und geröstet. Sesam muss luftdicht und trocken gelagert werden und sollte in nicht zu großen Mengen gekauft werden, da das Öl der Sesamkörner schnell einen ranzigen und bitteren Geschmack entwickelt. Wenn Sesamkörner zu Dekorationszwecken gebraucht werden, sollte man sie nach Farbharmonie aussuchen.
Für einen kräftigeren Geschmack werden die Sesamkörner meistens leicht angeröstet und im Mörser fein zerrieben.

11 Sesamöl (Goma Abura)

Sesamöl gehört zu den kalt gepressten Ölen, ist reich an Proteinen und eignet sich vor allem für Salate und Marinaden. Zum Braten wird es häufig mit neutralem Pflanzenöl gemischt, da sein nussartiges Aroma sehr intensiv ist. Es sollte allerdings nicht zu stark erhitzt werden.

12 Shiitake

Aromatische Baumpilze, die es frisch und getrocknet zu kaufen gibt. Vor der Weiterverarbeitung müssen die getrockneten Shiitakepilze etwa 20 Minuten in etwas warmem Wasser eingeweicht werden. Das Einweichwasser kann als Brühebasis weiterverwendet werden. Die harten Stiele müssen immer entfernt werden. Luftdicht verschlossen sind sie kühl und trocken beinahe unbegrenzt haltbar.

13 Sojasauce (Shoyu)

Sojasauce ist das Hauptwürzmittel der japanischen Küche. Sie wird für nahezu alle Gerichte und Saucenzubereitungen verwendet. Sie enthält Sojabohnen, Weizen, Wasser und Salz und reift über mehrere Monate. Wir empfehlen eine original japanische Sojasauce, ohne chemische Zusatzstoffe, Aromen oder Farbstoffe. Geöffnet ist sie, dunkel und kühl gelagert, 1 Jahr haltbar.
Neben der dunklen Sojasauce gibt es auch eine helle Sojasauce, die verwendet wird, wenn die Farben der Speisen nicht beeinträchtigt werden sollen.

14 Surimi

Krebsfleischimitat, das, zu kleinen Stäbchen gepresst, im Tiefkühlfach von Asienläden und inzwischen auch frisch in Supermärkten zu finden ist. Surimi ist eine günstige Alternative zu echtem Krebsfleisch.

15 Tofu

Tofu wird aus Sojabohnen hergestellt und ist, da er wenig eigenes Aroma besitzt, ein idealer Geschmacksträger. Man kann ihn gekocht, gebacken, gegrillt, gefroren oder roh essen.
Die häufigsten Tofuarten sind:
15a *Momen*-Tofu (Baumwolltofu): der klassische, feste Tofu.
15b *Kinu*-Tofu (Seidentofu): Zarte Textur und feiner Geschmack kennzeichnen diesen Tofu, der im Sommer meist kalt serviert wird.
Yaki-Tofu (gegrillter Tofu): wird aus *Momen*-Tofu hergestellt, den man, bevor er gegrillt wird, stark presst. Er wird vorzugsweise für Topfgerichte wie Sukiyaki verwendet. Tofu sollte nach dem Öffnen der Packung sofort verbraucht werden.

16 Wasabi

Sehr scharfer, grüner japanischer Meerrettich, den es als fertige Paste oder als Pulver zu kaufen gibt. Das Pulver wird mit Wasser zu einer dicklichen Paste verrührt. Meist wird Wasabi zu Sushi und Sashimi gereicht, man kann ihn aber auch in Dressings verwenden.
Ersatz: weiße, frisch geriebene Meerrettichwurzel oder scharfer Meerrettich aus dem Glas.

Gohan

Gekochter Reis

Gekochter Reis ist die Basis der japanischen Küche.
Gohan, das japanische Wort für „gekochter Reis", bedeutet zugleich „essen". Roher Reis heißt *Okome*. Meist wird der Reis separat und undekoriert in einer Reisschale serviert. Mit einer Essig-Zucker-Lösung wird er zu Sushireis (= gesäuerter Reis). Alternativen zu japanischem Reis sind italienischer Risotto, türkischer Pilawreis oder als Milchreis angebotener Rundkornreis.

---

1 Reis in einer großen Schüssel mit kaltem Wasser waschen und abseihen.
2 Diesen Vorgang 4–5-mal wiederholen, bis das Wasser klar ist.
3 Reis in einem Sieb abtropfen lassen (dadurch wird der Reis weicher).
4 Den Reis mit der gleichen Menge Wasser (1:1) in einen Topf geben.
5 Mit gut schließendem Deckel auf höchster Stufe aufkochen, dann den Herd ausschalten.
6 Deckel abnehmen und den Reis einmal umrühren, damit er nicht am Boden anbrennt.
7 Topf wieder schließen und weitere 20 Minuten auf dem ausgeschalteten Herd (japanischer Reis) oder auf niedrigster Stufe (anderer Rundkornreis) quellen lassen.

Wer sich häufiger mit japanischer Küche verwöhnen möchte, dem sei ein Reiskocher empfohlen.

Sushireis

Zutaten (4 Personen):

450 g japanischer Rundkornreis
400 ml Wasser
6 EL Essig
2 EL Zucker
1–2 TL Salz

1   Reis in 400 ml Wasser kochen.
2   Essig, Zucker und Salz in einem Topf mischen und sanft erhitzen, bis der Zucker aufgelöst ist.
3   Reis in eine große Schüssel (ideal wäre eine unbehandelte Holzschale) füllen und den Essigsud darübergeben.
4   Mit einem Holzspatel den Reis in schneidenden und hebenden Bewegungen mischen (nicht rühren!), dann abkühlen lassen.

Sushi heißt eigentlich „mit Essig (= Su) gesäuerter Reis" und stammt von einer alten Konservierungsmethode ab. Als das Salz in Japan noch nicht als Konservierungsmittel entdeckt war, hatte man den Fisch in gekochten Reis eingelegt und darin bis zu 3 Jahren gelagert. Der gegorene, saure Reis wurde daraufhin weggeworfen und der gesäuerte Fisch gegessen.
Erst später, im 15. Jahrhundert, kam man auf die Idee, den Reis nach einem Monat Gärungszeit zusammen mit dem noch rohen Fisch zu verspeisen. Sushi, wie man es heute isst, mit mild gesäuertem Reis, frischem Fisch und anderen Meerestieren, gibt es erst seit etwa 100 Jahren.

Miso-shiru

Misosuppe – Basisrezept

Zutaten (4 Personen):

800 ml Wasser
2 TL Dashi
300 g Seidentofu (in 1 cm große Würfel geschnitten)
3–4 EL Miso
2 Frühlingszwiebeln, dünn geschnitten

Zubereitung (10 Minuten):

1 Wasser aufkochen.

2 Dashipulver hinzufügen.

3 Tofu dazugeben, 3 Minuten köcheln lassen, dann die Hitze reduzieren.

4 Miso mit einer Schöpfkelle langsam in der nicht mehr kochenden Brühe auflösen und verrühren.

5 Mit Frühlingszwiebeln bestreuen und servieren.

Gemüseauswahl für Variationen

Chinakohl/Weißkohl, in mundgerechte
Quadrate oder Dreiecke geschnitten
Zwiebeln, in Scheiben geschnitten
Lauch, in Scheiben geschnitten oder fein gehackt
Kürbis*, dünn geschnitten
Grüne Bohnen*
Rettich*, dünn geschnitten
Kartoffeln*/Süßkartoffeln*, dünn geschnitten
Pilze, in Scheiben geschnitten
Sojabohnensprossen
Ei, roh in die Suppe gegeben
Spinat/Mangold, in Streifen geschnitten

nicht empfehlenswert: grüne Paprika, Sellerie (Gemüse mit starkem Eigengeschmack)

* Dieses harte Gemüse muss etwa 10 Minuten gekocht werden. Wenn hartes und weiches Gemüse gemischt wird, sollte das schneller garende Gemüse erst nach etwa 7 Minuten zugegeben werden.

Tsukemono

Eingelegtes Gemüse

Zutaten (4 Personen):

---

1 Zucchini, 1 kleine Aubergine, 2 Karotten, 1 kleine Gurke,
¼ Weißkohl oder 7 cm Rettich
(die Gemüsesorten können natürlich auch kombiniert
eingelegt werden)

Shio-zuke (in Salz eingelegt)
1 EL Salz
ODER
Miso-zuke (in Miso eingelegt)
1 EL Miso
1 EL Mirin
ODER
Ama-zuke (in süßem Essig eingelegt)
1 EL Essig
1 EL Zucker

Zubereitung (15 Minuten + 1 Tag zum Ziehenlassen):

---

1 Gemüse klein schneiden.
2 Entweder mit Salz weich kneten oder mit Miso und Mirin
beziehungsweise mit Zucker und Essig gut verrühren und
weich kneten.
3 Das Gemüse in ein Gefäß geben, mit Frischhaltefolie abdecken, mit einem Stein beschweren und mindestens einen
Tag ziehen lassen. Es müsste nun noch viel Flüssigkeit austreten
und das Gemüse weich und leicht durchsichtig werden.
4 Dann das Gemüse mit Wasser abwaschen und gut ausdrücken.
5 In einer kleinen Schale servieren.

*Das einfachste japanische Essen besteht aus einer Schale Reis,
eingelegtem Gemüse („Tsukemono") und grünem Tee. Jede Haus-
frau hat ihre eigenen Rezepte, verschiedenste Gemüsesorten ein-
zulegen. Es gibt aber auch Geschäfte, die seit Generationen auf
Tsukemono spezialisiert sind und durch verschiedene Arten des
Einlegens eine Vielfalt von Geschmacksrichtungen aus ein und
derselben Gemüsesorte locken können.*

Schnitttechniken

für Gemüse

1 Sen-giri „Linien":
Feine Streifen (siehe Seite 40, *Korokke*);
für Salat, Wokgerichte, Suppen und als
Dekoration; z.B. Weißkohl oder Frühlingszwiebeln

2 Koguchi-giri „mundgerecht":
Feine Ringe (siehe Seite 132, *Hiyayakko*);
z.B. Frühlingszwiebeln oder Lauch

3 Naname-giri „schräg":
Diagonal geschnittene Stücke (siehe
Seite 114, *Misoramen*); z.B. Lauch

4 Mijin-giri „winzig klein":
Sehr fein gehackte Würfel (siehe Seite 128,
Tofuburger); für Salatsaucen oder Burger;
z.B. Zwiebeln

5 Wa-giri „Ringe":
Dicke Scheiben (siehe Seite 84, *Satsuma-
imo no Nimono*); für rundes Gemüse;
z.B. Rettich, Karotten, Kartoffeln

6 Tanzaku-giri „Papierstreifen":
Dünne, rechteckige Blöcke, 7–8 mm breit,
5–6 cm lang und 1 mm dick; z.B. Bam-
bussprossen, Rettich (siehe Seite 168,
Tofusalad)

7 Ran-giri „unregelmäßig":
Das Gemüse wird nach jedem Schnitt
immer etwas weitergedreht, sodass sich
die angeschnittene Oberfläche vergrößert
(siehe Seite 38, *Nikujaga*); für gekochte
Gerichte, damit der Geschmack von allen
Seiten ins Gemüse eindringen kann.

8 Itcho-giri „Ginkgoblattschnitt":
Runde Gemüsescheiben vierteln (siehe
Seite 16, *Tsukemono*); für gekochte
Gerichte und Salat

9 Sasa-gaki „Bambus":
Schneiden, als würde man einen Bleistift
mit einem Messer spitzen, damit feine
Blättchen entstehen (siehe Seite 14,
Miso-shiru); für Salate;
z.B. Schwarzwurzeln, Karotten

10 Sainome-giri „Würfel":
Kleine und mittelgroße Würfel (siehe
Seite 80, *Daikon to Baconni*); z.B. Tofu,
Rettich

11 Hyoshi-giri „Balken":
5–6 cm lange und 3–5 mm dicke Streifen
(= „Julienne") (siehe Seite 78, *Kinpira-
gobo*); für Gemüse und Salate

12 Kushigata-giri „spießgerecht":
Gemüse wie einen Kuchen in Viertel
oder Achtel schneiden (siehe Seite 108,
Harusamesalad); für Salate, Grillspieße

13 Hangetsu-giri „Halbmond":
Rundes Gemüse längs halbieren, dann
in (Halbmond-)Scheiben schneiden
(siehe Seite 66, *Pirikara Ikadaikon*)

14 Mentori „abschrägen":
Alle Kanten werden abgeflacht, um ein
Zerfallen des Gemüses bei langen Koch-
zeiten zu verhindern (siehe Seite 30,
Karerice); für Eintöpfe

15 Hanagata-giri „Blumen"
Für Gemüse, wie Gurken oder Karotten:
an vier Seiten spitze Kerben einschneiden,
die Ränder der Kerben abrunden, dann
das Gemüse in Scheiben schneiden.
Alternativ mit einem Plätzchenausstecher
aus einer Gemüsescheibe die Form aus-
stechen (siehe Seite 96, *Potatosalad*);
für Salate, Suppen und zur Dekoration

Reis *

Katsudon

Schweineschnitzel auf Reis

Zutaten (4 Personen):

---

450 g Reis

4 kleine, fettarme Schweineschnitzel
Pfeffer, Salz
2 EL Mehl
1–2 Eier mit 1 TL Wasser verquirlt
50 g Paniermehl (siehe Seite 40)
3 EL Öl

Sauce:
300 ml Dashi
3 EL Sake
3 EL Mirin
1 EL Zucker
3 EL Sojasauce
1 mittelgroße Zwiebel, in Streifen geschnitten
4 EL Tiefkühlerbsen

4 Eier

Okonomiyakisauce (siehe Seite 138)

Zubereitung (45 Minuten):

---

1 Reis kochen und warm halten (Rezept Seite 12).
2 Schnitzel salzen und pfeffern, dann nacheinander in Mehl, Ei und Paniermehl wenden.
3 In Öl ausbacken, auf Küchenpapier abtropfen lassen und in etwa 2 cm breite, mundgerechte Streifen schneiden.
4 Saucenzutaten (ohne Erbsen) vermischen und mit den Zwiebelstreifen in einen Topf geben, auf höchster Stufe aufkochen, dann runterschalten und weiterköcheln, bis die Zwiebel gar ist, zuletzt die Erbsen hinzugeben.
5 Den Reis auf vier Schüsseln verteilen.
6 Die Streifen eines Schnitzels in die Pfanne geben, ein geschlagenes Ei mit ¼ der Sauce darübergeben, kurz stocken lassen und auf dem Reis anrichten.
7 Mit den anderen drei Portionen ebenso verfahren.
8 Mit der Okonomiyakisauce verzieren.

Das panierte Schweineschnitzel heißt „Tonkatsu" und ist eine populäre Speise in Japan. Man isst es zu Reis mit fein geschnittenem Weißkraut und Tonkatsusauce (entspricht in etwa der Okonomiyakisauce, die etwas süßer ist) oder im Sandwich.

Oyakodon

Hühnerfleisch mit Ei auf Reis („Eltern und Kind")

Zutaten (4 Personen):

450 g Reis

300 g Hühnerbrust
2 mittelgroße Zwiebeln
2 Frühlingszwiebeln
4 Eier

Sauce:
200 ml Dashi
1 EL Zucker
2 EL Mirin
3 EL Sojasauce

Zubereitung (45 Minuten):

1 Reis kochen und warm halten (Rezept Seite 12).
2 Hühnerfleisch in mundgerechte Stücke schneiden.
3 Zwiebeln in Streifen schneiden.
4 Frühlingszwiebeln diagonal in etwa 2 cm lange Stücke
schneiden und mit kaltem Wasser abspülen.
5 Saucenzutaten verrühren und in einem Topf (Ø etwa 25 cm)
aufkochen.
6 Zwiebeln und Hühnerfleisch dazugeben.
7 Bei geschlossenem Topf und mittlerer Hitze weiterköcheln
lassen, bis die Hühnerbrust gar ist und die Zwiebeln glasig sind.
8 Frühlingszwiebeln dazugeben und bissfest kochen.
9 Die Eier verrühren und darübergeben (nicht unterrühren).
10 Mit geschlossenem Deckel, bei geringer Hitze, etwa 1 Minute
stocken lassen und darauf achten, dass das Ei nicht hart wird.
11 Den Reis auf vier Schüsseln verteilen, das Hühnerfleisch mit
der Eiersauce darauf anrichten und sofort servieren.

Ein Gericht wie dieses – eine größere Schüssel Reis, die mit einer Beilage obenauf serviert wird –, ein typisches One-Pot-Gericht, nennt man Donburi (= große Reisschale).

Sanshokudon

Dreifarbenreis

Zutaten (4 Personen):

---

450 g Reis

250 g gehackte Hühnerbrust
200 ml Dashi
4 EL Sojasauce
3 EL Zucker
1 EL Mirin
3 EL Zucker
1 TL geriebener Ingwer

4 Eier
2 EL Dashi (kalt)
1 TL Mirin
2 EL Zucker
1 Prise Salz
½ TL Sojasauce
1 TL Öl

100 g Zuckerschoten
100 ml Dashi
½ TL Sojasauce

Zum Garnieren:
Eingelegter rosa Ingwer

Zubereitung (45 Minuten):

---

1 Reis kochen und warm halten (Rezept Seite 12).
2 Für die Hühnerbrust Dashi und Sojasauce in einem Topf
auf mittlerer Stufe erhitzen.
3 Zucker, Mirin und Ingwer dazugeben und einkochen lassen,
gelegentlich umrühren.
4 Hühnerfleisch hinzugeben und unter Rühren weiterköcheln.
5 Herd herunterschalten und auf niedrigster Stufe etwa
10 Minuten köcheln lassen, bis das Huhn gar ist.
6 Eier verquirlen und Dashi, Mirin, Zucker, Salz und Sojasauce
hinzugeben und verrühren.
7 Öl bei mittlerer Hitze heiß werden lassen, die Eiermasse
hinzugeben und unter ständigem Rühren etwa 1 Minute anbraten, bis das Ei fest, aber nicht trocken wird, vom Herd nehmen
und (im Backofen) abgedeckt warm halten.
8 Zuckerschoten in Streifen schneiden.
9 Dashi und Sojasauce für die Zuckerschoten in einem kleinen
Topf aufkochen.
10 Zuckerschoten dazugeben und etwa 1 Minute unter Rühren
bei mittlerer Hitze kochen.
11 Reis auf vier Schüsseln verteilen und das Huhn, das Ei
und die Zuckerschoten auf dem Reis anrichten und mit Ingwer
dekorieren.

*Die reduzierte
Variante mit nur zwei
(= ni) Hauptzutaten –
Hühnerhackfleisch
und Ei – heißt
„Nishoku-gohan".*

Takikomi-gohan

Winterreisgericht

Zutaten (4 Personen):

---

450 g Reis
200 g Hühner- oder
Schweinefleisch
1 EL Sojasauce
4 getrocknete Shiitakepilze
1 Karotte
3 EL Krabben
8–12 gekochte Maronen
(Dose oder Vakuumpack)
10–12 grüne Bohnen
Pflanzenöl
2 EL Sesamöl

Sauce:
600 ml Dashi
3 EL Sake
1 EL Mirin
1 TL Salz
1 EL Sojasauce

Zubereitung (60 Minuten):

---

1 Reis gut waschen und abtropfen lassen.

2 Fleisch in mundgerechte Stücke schneiden und mit 1 Esslöffel Sojasauce marinieren.

3 Shiitakepilze in 100 Milliliter warmem Wasser etwa 10 Minuten einweichen (Einweichwasser aufheben), putzen und in Streifen schneiden.

4 Karotten schälen und in etwa 3 cm lange Streifen schneiden.

5 Grüne Bohnen in Salzwasser blanchieren und schräg in etwa 2 cm lange Stücke schneiden.

6 Saucenzutaten mischen.

7 In einer Pfanne das Fleisch mit Öl anbraten, herausnehmen und warm stellen.

8 Karotten, Pilze und Krabben anbraten, bis die Flüssigkeit verdampft ist, und dann 2 Esslöffel Sesamöl dazugeben und weiterbraten, bis das Gemüse bissfest ist.

9 Maronen und Bohnen zugeben und die Sauce darübergießen.

10 Herd ausschalten und zugedeckt kurz ziehen lassen.

11 Reis in einen Topf füllen und das Gemüse, das Fleisch und das Einweichwasser der Shiitakepilze daraufgeben, alles auf höchster Stufe zum Kochen bringen und auf niedrigster Stufe 20 Minuten quellen lassen.

12 Fleisch, Shrimps und Gemüse vorsichtig unter den Reis heben und in Reisschüsseln servieren.

Karerice *

Curryreis

Zutaten (4 Personen):

---

450 g Reis

400 g Hühnerschenkel
1 kleine Aubergine
½ Banane
½ rote Paprika
1 Zwiebel
1 Knoblauchzehe
2 cm Ingwer
1 Chilischote
1 Tomate
1 EL Butter

2 EL Curry
450 ml Brühe
Salz, Pfeffer

Zubereitung (90 Minuten):

---

1 Reis kochen und warm halten (Rezept Seite 12).

2 Fleisch von den Hühnerschenkeln ablösen, enthäuten und in mundgerechte Stücke schneiden.

3 Aubergine und Banane würfeln und die Paprika in Streifen schneiden.

4 Zwiebel, Knoblauch, Ingwer schälen und mit der Chilischote klein hacken.

5 Die Tomate mit kochendem Wasser überbrühen, enthäuten und würfeln.

6 In einem Topf die Butter schmelzen lassen, Zwiebeln, Knoblauch und Ingwer darin vorsichtig anbraten.

7 Chili hinzufügen und weiterbraten.

8 Hühnerfleisch dazugeben und von allen Seiten leicht anbraten.

9 Paprika, Banane und Aubergine untermengen.

10 Mit Curry, Salz und Pfeffer würzen.

11 Die Brühe und die Tomate hinzugeben und 30–40 Minuten köcheln lassen.

12 Mit Reis servieren.

Variante:
In mundgerechte Stücke geschnittene Karotten und Kartoffeln mitkochen.

Onigiri

Reisbällchen

Zutaten (10 Stück):

---

350 g Reis

Füllungen zur Wahl:
Lachsrogen
Gegrilltes, gesalzenes Lachsfilet, sehr fein gehackt
Hühnerfleisch aus Rezept Seite 26
Ei aus Rezept Seite 26
Erbsen
Schwarzer angerösteter Sesam

Zubereitung (20 Minuten):

---

1 Reis klassisch zubereiten (siehe Seite 12) und vor dem Weiterverarbeiten etwas abkühlen lassen.
2 Pro Bällchen etwa 3 Esslöffel Reis in einer kleinen Schüssel mit 1–2 Esslöffeln der gewünschten Füllung vermischen.
3 Die Hände mit kaltem Wasser anfeuchten, mit Salz bestreuen und aus der Reismischung Bällchen formen.

Variante: Gefüllte Onigiri

1 Aus dem abgekühlten unvermischten Reis Bällchen formen.
2 In die Mitte jedes Reisbällchens ein Loch drücken und die gewünschte Füllung hineinstecken.
3 Das Loch schließen und dabei zur Wiedererkennung die einzelnen Bällchen je nach Geschmacksrichtung unterschiedlich formen (zum Beispiel eiförmig, flach oder dreieckig geformt).
4 Zum Schluss jedes Reisbällchen mit einem Streifen Nori umwickeln.

Onigiri werden warm oder kalt mit den Fingern gegessen und eignen sich daher ideal für ein Picknick (Seite 168) oder Bento (Seite 170).

Ochazuke

Reis mit Lachs und grünem Tee

Zutaten (4 Personen):

---

400 g Reis

1 Lachssteak
Salz
400 ml grüner Tee (zum Beispiel Sencha)
4 TL Wasabi
2 TL geriebener Ingwer
1 Noriblatt
1 Frühlingszwiebel

Zubereitung (20 Minuten):

---

1 Reis kochen und warm halten (Rezept Seite 12) oder bereits
gekochten Restereis mit heißem Wasser aufgießen, kurz den Reis
damit erwärmen und dann das lauwarme Wasser abgießen.

2 Lachssteak salzen und anbraten, dann entgräten und
in sehr kleine Stücke zupfen.

3 Lachs unter den Reis mischen und auf vier Schälchen verteilen.

4 Mit heißem Tee übergießen.

5 Auf jede Portion 1 Teelöffel Wasabi und ½ Teelöffel Ingwer
verteilen.

6 Nori und Frühlingszwiebeln klein schneiden und ebenfalls
auf den Reis streuen.

*Eine Resteverwertung für Nori, das seine Knusprigkeit verloren
hat, ist folgendes Rezept:*

Gohan desu yo („Essen ist fertig")
eine Würzpaste, die auf weichem Reis gegessen wird:

*10 Blätter Nori, 2,5 cm geschälter Ingwer, 6 EL Sake,
100 ml Sojasauce, 1 EL Zucker*

Nori in 4–5 cm große Quadrate schneiden. Ingwer fein reiben,
mit dem Nori und den restlichen Zutaten in einen kleinen Topf
geben und bei mittlerer Hitze zum Kochen bringen. Die Temperatur herunterschalten und so lange unter Rühren köcheln
lassen, bis die Flüssigkeit vollständig aufgesogen ist.

*Ochazuke ist eine
beliebte Restever-
wertung von übrig
gebliebenem Reis und
wird daher häufig
als kleine Mahlzeit
serviert, die schnell
zubereitet ist.*

Fleisch*

Nikujaga

Fleisch-Kartoffel-Eintopf

Zutaten (4 Personen):

6–8 Kartoffeln
400 g dünn geschnittene Rindfleischscheiben
2 Zwiebeln
1 Karotte
12 grüne Bohnen
4 EL Öl
600 ml Dashi
6 EL Sake
6 EL Mirin
6–8 EL Zucker
8 EL Sojasauce
Salz

Zubereitung (60 Minuten):

1 Kartoffeln schälen, vierteln und 10 Minuten in kaltem Wasser ziehen lassen.

2 Rindfleisch in 4 cm große Stücke schneiden.

3 Zwiebeln schälen und achteln.

4 Karotte schälen, halbieren und in dünne Scheiben schneiden.

5 Bohnen putzen, in Salzwasser blanchieren, mit kaltem Wasser abschrecken, abtropfen lassen und in 2 cm lange Stücke schneiden.

6 Öl in einem Topf erhitzen und das Rindfleisch darin anbraten, bis es eine bräunliche Farbe angenommen hat.

7 Kartoffeln und Zwiebeln kurz mit anbraten.

8 Dashi darübergießen, aufkochen, auf mittlere Temperatur herunterschalten und etwa 10 Minuten zugedeckt köcheln lassen (den Schaum von der Brühe abschöpfen).

9 Wenn die Kartoffeln gar sind, Sake, Mirin, Zucker, Sojasauce und Karotten dazugeben und 15–20 Minuten weiter einkochen.

10 Sobald die Flüssigkeit leicht reduziert ist, mit Salz abschmecken, die grünen Bohnen dazugeben, Herd ausschalten und den Eintopf kurz ruhen lassen.

Man sagt, wenn ein Mädchen dieses Gericht beherrscht, dann kann es heiraten.

Korokke

Japanische Kroketten

Zutaten (für 8–10 Stück/4 Personen):

¼ Weißkohl
1 Zwiebel
2 EL Butter
150 g Schweinehackfleisch
Salz, Pfeffer

4–5 große Kartoffeln
2 EL Tiefkühlerbsen

50 g Mehl
2 Eier
50 g Paniermehl*
Öl zum Ausbacken
Ketchup, Worcestersauce

Zubereitung (45 Minuten):

1 Weißkohl in hauchdünne Streifen hobeln.
2 Zwiebel schälen, klein hacken und in einer Pfanne mit der Butter glasig anbraten.
3 Das Hackfleisch dazugeben und weiterbraten, bis das Fleisch krümelig wird.
4 Mit Salz und Pfeffer würzen und abkühlen lassen.
5 Kartoffeln schälen, vierteln und in Salzwasser weich kochen.
6 Kartoffeln abgießen und zu Brei zerdrücken.
7 Erbsen dazugeben und vorsichtig untermischen.
8 Kartoffelbrei und Fleisch vermischen und die Masse etwas abkühlen lassen.
9 8–10 gleich große Kroketten formen und diese zuerst in Mehl, dann in dem verquirlten Ei und dem Paniermehl wälzen.
10 Die Kroketten werden dann in heißem Öl so lange von allen Seiten gebraten, bis sie eine goldgelbe Farbe annehmen.
11 Die Kroketten auf einem Bett von gehobeltem Weißkohl servieren. Dazu Ketchup und Worcestersauce reichen.

* Für japanische Gerichte wird gröberes Paniermehl verwendet. Dazu löst man die Rinde von altem Weißbrot ab und zerbröselt mit der Hand den weißen Teil. Diese Brösel werden auf einem Backblech ausgebreitet und bei niedriger Temperatur getrocknet, ohne dass die Brotbrösel Farbe annehmen. Luftdicht verschlossen hält dieses Paniermehl ein paar Monate.

Korokke Baga:
Japaner essen
diese Kroketten
gern im Sandwich.

Nikudango

Hackfleischbällchen

Zutaten (4 Personen):

500 g gemischtes Hackfleisch

10 cm Rettich

2 Zwiebeln
2 Karotten
8 EL Paniermehl
2 EL Milch
2 Eier
50 g Mehl
3 cm Ingwer
2 EL Öl
5 EL Sojasauce
3 EL Mirin
3 EL Wasser

Zubereitung (45 Minuten):

1 Rettich schälen und sehr fein reiben.
2 Zwiebel und Karotte schälen und fein hacken.
3 Fleisch, Zwiebeln, Karotten, Paniermehl, Milch und Eier miteinander vermengen, daraus kleine Kugeln formen und diese leicht in Mehl wälzen.
4 Ingwer schälen, grob in Scheiben schneiden und in einer Pfanne, mit nicht zu heißem Öl, anbraten.
5 Ingwer aus der Pfanne herausnehmen.
6 Hackbällchen von allen Seiten im Ingweröl anbraten, dann Sojasauce, Wasser und Mirin dazugeben.
7 Herd herunterschalten und die Fleischbällchen weiterköcheln lassen, bis die Sauce fast verdampft ist.
8 Geriebenen Rettich leicht ausdrücken und auf den Hackbällchen verteilen.

*Bayrische Variante:
Kartoffelsulat statt
Reis dazu servieren*

Shogayaki*

Gebratenes Schweinefleisch mit Ingwer

Zutaten (4 Personen):

---

500 g dünn geschnittenes Schweineschnitzel

2 Zwiebeln
Öl
2 EL Sake
2 EL Zucker
2 EL Mirin
4 EL Sojasauce

Marinade:
2 cm Ingwer
2 EL Sake
½ EL Mirin
3 EL Sojasauce

Zubereitung (25 Minuten + 10 Minuten Marinierzeit):

---

1 Für die Marinade den Ingwer schälen, in hauchdünne Streifen schneiden und mit Sake, Mirin und Sojasauce vermischen.
2 Schweinefleisch 10 Minuten in der Marinade ziehen lassen.
3 Zwiebeln in dünne Streifen schneiden.
4 Öl in einer Pfanne erhitzen, das Fleisch und die Zwiebelstreifen kurz darin anbraten.
5 Mit Sake, Zucker, Mirin und Sojasauce würzen, die Temperatur reduzieren und das Fleisch kurz ziehen lassen.
6 Zum Servieren auf einem Teller anrichten.

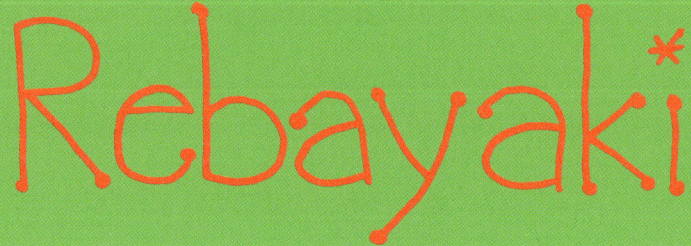

Rebayaki*

Gebratene Leber mit Sojasauce

Zutaten (4 Personen):

---

500 g Schweine- oder Hühnerleber
1 Frühlingszwiebel

Sauce:
1 EL Zucker
2 EL Sake
2 EL Sojasauce
2 EL Öl

Zubereitung (30 Minuten):

---

1 Für die Sauce Zucker, Sake, Sojasauce und Öl verrühren.
2 Leber waschen, in mundgerechte Stücke schneiden und nass in einer beschichteten Pfanne ohne Öl von allen Seiten anbraten.
3 Sauce dazugeben und bei geringer Hitze langsam einkochen, bis die Flüssigkeit verdampft ist.
4 Frühlingszwiebel putzen, in dünne Ringe schneiden und die Leber damit dekorieren.

Chicken Teriyaki

Gebratenes Huhn mit Teriyakisauce

Zutaten (4 Personen):

---

2 Hühnerbrüste

Teriyakisauce*:
2 EL geriebener Ingwer
1 Knoblauchzehe, klein gehackt
50 ml Sojasauce
1 EL Sake
1 EL Zucker

Pflanzenöl

Zum Garnieren:
Orangenscheiben

Zubereitung (20 Minuten + 30 Minuten Marinierzeit):

---

1 Saucenzutaten mischen.
2 Hühnerbrüste waschen, trocken tupfen und in Würfel schneiden.
3 Das Fleisch in der Sauce mindestens 30 Minuten im Kühlschrank marinieren.
4 Öl in einer Pfanne erhitzen.
5 Huhn aus der Marinade nehmen, bei mittlerer Hitze von allen Seiten anbraten.
6 Die Teriyakisauce zum Hühnerfleisch geben und bei geringer Hitze in 6–8 Minuten leicht eindicken lassen.
7 Mit Orangenscheiben anrichten und sofort servieren.

* Teriyakisauce eignet sich für die Zubereitung fast aller Fisch- und Fleischarten. Besonders delikat sind Tintenfisch und Entenbrust mit Teriyakisauce.

Man kann Teriyakisauce zwar fertig kaufen, sollte dabei aber aus geschmacklichen Gründen möglichst auf original japanische Produkte zurückgreifen – doch selbst gemacht schmeckt sie noch besser.

Nikumakiyaki

Gebratene Fleischröllchen

Zutaten (4 Personen):

---

16 – 20 möglichst dünne Scheiben Schweinefleisch
1 große Karotte
20 grüne Bohnen
Salz, Pfeffer
Mehl
Öl

Gomadaresauce:
2 Frühlingszwiebeln
4 EL Sesampaste (Tahin)
2 TL Sake
2 EL Essig
2 TL Zucker
2 TL Sojasauce

Küchengarn, falls nötig

Zubereitung (30 Minuten):

---

1 Für die Gomadaresauce die Frühlingszwiebeln säubern, in dünne Ringe schneiden und mit den anderen Saucenzutaten vermischen.

2 Karotten schälen und in 4–5 cm lange, dünne Stifte schneiden.

3 Bohnen waschen und die Enden abschneiden.

4 Gemüse in Salzwasser blanchieren, mit kaltem Wasser abschrecken und gut abtropfen lassen.

5 Fleisch salzen und pfeffern.

6 Gemüse in das Fleisch einwickeln (falls nötig, mit einem Küchengarn fixieren) und die Fleischrolle vorsichtig in Mehl wenden.

7 Öl in einer Pfanne nicht zu stark erhitzen und die Rollen von allen Seiten darin anbraten, bis das Fleisch gar ist.

8 Die gefüllten Fleischröllchen in 3 cm dicke Scheiben schneiden und mit der Sauce anrichten.

Auch mit grünem
oder weißem
Spargel probieren

Nikuman

Gefüllte Teigtaschen

Zutaten (für 6 Teigtaschen):

Teig:
180 g Mehl
50 ml lauwarmes Wasser
1 EL Zucker
1 Päckchen Trockenhefe
2 EL Öl
60 ml lauwarme Milch

2 Shiitakepilze
1 cm Ingwer
100 g Schweinehackfleisch
1 Knoblauchzehe
4 EL Sojasauce
½ EL Zucker
2 EL Austernsauce
2 EL Sesamöl

Füllung:
1 Frühlingszwiebel
2 Weißkohlblätter

Dämpfaufsatz
Backpapier

Zubereitung (60 Minuten):

1 Hefe mit lauwarmem Wasser und Zucker verrühren und die Mischung 10 Minuten gehen lassen.

2 Mehl, Öl, Milch und Hefegemisch in einer Schüssel verkneten und, mit einem feuchten Tuch bedeckt, 30 Minuten gehen lassen.

3 Für die Füllung das Gemüse klein schneiden, den Ingwer fein hacken und mit dem Schweinefleisch und den restlichen Zutaten vermischen.

4 Den aufgegangenen Teig in 6 Portionen teilen, zu Kugeln formen und diese zu Teigfladen ausrollen.

5 Füllung jeweils in der Mitte platzieren und die Teigtasche schließen, indem alle Seiten oben in einer Spitze zusammengebracht werden.

6 Aus Backpapier Kreise in Größe der Teigtaschen ausschneiden und auf diesen die Nikuman in einem Dämpfaufsatz etwa 20 Minuten über kochendem Wasser dämpfen.

Weitere Varianten von Nikuman sind Anman (mit süßer Bohnenmusfüllung, siehe Seite 168), Pizzaman (mit Füllung aus Käse, Schinken, Tomatensauce, roter Paprika) oder Kareman (mit Curryfüllung, siehe Seite 30).

Shabu-Shabu*

Fondue

Zutaten (4 Personen):

1,5 l Dashi	*Gomadaresauce:*
	siehe Seite 50
700 g sehr dünn geschnittene,	
gut durchwachsene	*Ponzusauce:*
Rinderlende*	50 ml Mirin
1 Chinakohl (etwa 600 g)	50 ml Sake
2 Stangen Lauch	150 ml Sojasauce
250 g Blattspinat	100 ml Reisessig
1 Block fester Tofu	2 TL Dashipulver
8 braune Champignons	50 ml Zitronensaft
2 Karotten	½ geriebener Rettich

Eine elektrische Kochplatte oder ein Fonduekocher mit Spiritus

---

Zubereitung (Vorbereitungszeit etwa 30 Minuten):

---

1 Die Gomadaresauce nach dem Rezept auf Seite 50 zubereiten.

2 Für die Ponzusauce Mirin und Sake zusammen aufkochen, Herd ausschalten und die restlichen Saucenzutaten unter mischen.

3 Für die Fonduebrühe Dashi aufkochen.

4 Chinakohl in 3 cm große Quadrate schneiden.

5 Lauch diagonal in Scheiben schneiden.

6 Spinat in Streifen schneiden.

7 Tofu in Würfel schneiden.

8 Champignons putzen und den Hut über Kreuz einschneiden.

9 Karotten schälen und in 5 mm dicke Scheiben schneiden.

10 Topf auf eine elektrische Kochplatte in die Mitte des Tisches stellen und die Fonduezutaten und Saucen anrichten.

11 Jeder kann nun sein Fleisch und Gemüse nach Geschmack in der Brühe gar kochen und in seine Dipschalen tunken.

* Shabu-Shabu ist das Geräusch, das durch das kurze Schwenken des Fleisches in der Brühe entsteht.

Tipp:
Das Fleisch im Stück kaufen, gut in Frischhaltefolie einwickeln und für etwa 1 Stunde ins Eisfach legen, damit es anfriert. Danach lässt es sich mit einem scharfen Messer papierdünn schneiden.

Alternativ:
Hühnerfleisch,
Schweinefleisch,
Frühlingszwiebeln,
Shiitakepilze,
Austernpilze

Sukiyaki

Auf dem Pflug Gebratenes*

Zutaten (4 Personen):

---

800 g sehr dünn geschnittene, gut durchwachsene Rinderlende
1 mittelgroßer Chinakohl
2 Stangen Lauch
2 Handvoll Spinat
1 Block japanischer Tofu
8 Champignons
2 Karotten
3 EL Bratenfett
Glasnudeln, kurz blanchiert

Sukiyakisauce:
200 ml Sake
200 ml Sojasauce
7 EL Zucker
400 ml Wasser

Dip:
1–2 sehr frische Eier
pro Person

Elektrische Kochplatte oder ein Fonduekocher mit Spiritus

Zubereitung (30 Minuten Vorbereitungszeit):

---

1 Zutaten für die Sukiyakisauce aufkochen und abkühlen lassen.

2 Chinakohl in 3 cm große Quadrate schneiden.

3 Lauch diagonal in Scheiben schneiden.

4 Spinat in 5 cm breite Streifen schneiden.

5 Tofu in mundgerechte Würfel schneiden.

6 Pilze putzen und in die Hüte ein Kreuz schneiden.

7 Karotten schälen und in 5 mm dicke Scheiben schneiden.

8 In einer tiefen Pfanne das Bratenfett erhitzen, etwas Fleisch darin scharf anbraten und, bevor das Fleisch gar ist, mit ein wenig Sukiyakisauce ablöschen.

9 Zuerst von dem härteren Gemüse (Karotten, Lauch, untere Teile des Chinakohls) in die Pfanne geben, bei geschlossenem Deckel und geringer Temperatur dünsten und nach 3 Minuten von dem zarteren Gemüse dazugeben.

10 Topf auf eine Wärmequelle (elektrische Kochplatte) in die Mitte des Tisches stellen.

11 Jeder bekommt ein Schälchen mit 1–2 leicht verquirlten rohen Eiern zum Dippen, und sobald die Zutaten gar sind, bedienen sich alle aus der gemeinsamen Pfanne.

12 Nach Bedarf wird Gemüse, Fleisch und Sauce nachgefüllt.

13 Zum Schluss werden die Nudeln in der Restflüssigkeit fertig gegart.

* Früher, im buddhistisch geprägten Japan, war es verboten, Fleisch zu essen. Einige Bauern umgingen jedoch das Verbot und brieten das Fleisch auf ihrem Pflug über glühender Kohle, direkt auf dem Feld.

F*
Fisch

Saba no Misoni

In Miso gekochte Makrele

Zutaten (4 Personen):

4 Makrelenfilets
1 Lauch
3 EL Miso
3 EL Wasser
150 ml Sake
2 EL Mirin
2 EL Zucker
2 EL geriebener Ingwer
100 ml Wasser

Zubereitung (30 Minuten):

1 Makrelen in einem Sieb mit heißem Wasser übergießen und abtropfen lassen.

2 Lauch diagonal in Scheiben schneiden.

3 Miso in gleicher Menge kaltem Wasser auflösen und beiseitestellen.

4 Sake, Mirin, Zucker und Ingwer in einer tiefen Pfanne auf höchster Stufe aufkochen, den Fisch dazugeben und mit geschlossenem Deckel nochmals kurz aufkochen.

5 Den Lauch dazugeben und auf mittlerer Stufe bei geschlossenem Deckel 5–6 Minuten köcheln lassen.

6 Miso hinzugeben und 5–6 Minuten weiterköcheln lassen.

7 Lauch und Fisch herausnehmen, die Flüssigkeit etwa 5 Minuten einkochen lassen und schließlich über den angerichteten Fisch und Lauch gießen und sofort servieren.

Shake no Foilyaki

Lachs in Alufolie

Zutaten (4 Personen):

---

2 große Lachssteaks
1 Zwiebel
100 g Champignons
2 mittelgroße Kartoffeln
4 EL Sojasauce
2 EL Butter
Salz
Pfeffer

Alufolie

Zubereitung (45 Minuten):

---

1 Lachssteaks halbieren, unter kaltem Wasser waschen, die harten Schuppen an der Haut entfernen und die Steaks mit Küchenpapier trocknen.

2 Zwiebel schälen und in Scheiben schneiden.

3 Pilze säubern und in Scheiben schneiden.

4 Kartoffeln gut waschen, mit der Schale etwa 10 Minuten weich kochen und in dicke Scheiben schneiden.

5 Ofen auf 200 °C vorheizen.

6 Pro Person 2 Alufolien (30 x 30 cm) übereinanderlegen, darauf jeweils zuerst die Kartoffeln, dann die Zwiebeln, zuletzt den Lachs schichten, salzen, pfeffern und mit den Pilzen und Butterflöckchen bedecken.

7 Die Alufolie an allen Seiten nach oben biegen, je 1 Esslöffel Sojasauce in die Päckchen gießen, dann fest verschließen.

8 Alupäckchen auf einem Blech im Ofen 20 Minuten garen.

9 In der Alufolie auf Tellern heiß servieren.

Sakana no Misozuke*

Fisch mit Miso mariniert

Zutaten (4 Personen):

---

4 Fischfilets (weißer Fisch, zum Beispiel Seelachs)

Sauce:
3–4 EL Miso
3 EL Mirin
Salz

½ Lauchzwiebel

Zubereitung (30 Minuten + 3–4 Stunden Marinierzeit):

---

1 Fisch unter kaltem Wasser waschen, mit Küchenkrepp trocken tupfen, salzen und eine halbe Stunde ruhen lassen.
2 Miso mit Mirin vermischen.
3 Fisch abwaschen und nochmals mit Küchenkrepp trocknen, mit der Sauce einreiben, in Klarsichtfolie einwickeln und für 3–4 Stunden im Kühlschrank marinieren lassen.
4 Die Sauce mit nassen Händen vom Fisch abstreifen und die Filets bei mittlerer Hitze in einer beschichteten Pfanne von beiden Seiten braten oder im Ofen grillen.
5 Mit in Streifen geschnittener Lauchzwiebel dekorieren.

Pirikara Ikadaikon

Scharfe Kalmare mit gekochtem Rettich

Zutaten (4 Personen):

20 cm Rettich
Salz
2 Kalmare, gesäubert (etwa 300 g)

400 ml Dashi
4 EL Sake
2 EL Zucker
3 EL Sojasauce
1 TL Sambal Olek

Zubereitung (30 Minuten):

1 Rettich schälen, halbieren, in fingerdicke Scheiben schneiden, salzen, 10 Minuten ziehen lassen und dann abwaschen.

2 Kalmare ebenfalls in fingerdicke Ringe schneiden.

3 Rettich in einem Topf mit Dashi 5 Minuten auf höchster Stufe kochen, Temperatur herunterschalten, Sake, Zucker und Sojasauce dazugeben.

4 Kalmarringe dazugeben und die Dashisauce 10 Minuten bei geringer Hitze einkochen lassen.

5 Mit Sambal Olek abschmecken und servieren.

Chirashisushi

Verstreutes Sushi

Zutaten (4 Personen):

---

450 g Sushireis (Rezept Seite 13)

2 Eier
1 EL Zucker
Salz
Öl zum Braten
1 Lachsfilet
¼ Gurke
1 Avocado
4 Surimi
½ Noriblatt

Zubereitung (30 Minuten + Zubereitung Sushireis):

---

1 Eier mit Zucker und einer Prise Salz verquirlen, ein dünnes Omelett braten, abkühlen lassen und in dünne lange Streifen schneiden.

2 Lachs kurz durchbraten und mit einer Gabel zerkleinern (ein wenig Lachs zum Dekorieren beiseitelegen).

3 Gurke waschen, mit Schale in feine Scheiben schneiden, einsalzen, weich kneten, mit Wasser gut abspülen und mit Küchenpapier trocken tupfen.

4 Avocado schälen, entkernen und in 5 mm dicke Scheiben schneiden.

5 Surimi in mundgerechte Stücke schneiden.

6 Sushireis in einer Schüssel mit Gurke und Lachs mischen und mit Omelett, Lachs, Gurke, Surimi, Avocado und in dünne Streifen geschnittenem Noriblatt dekorieren.

Wenn man die Zutaten unter den Reis hebt, nennt man dieses Gericht „Gomokosushi" (fünf verschiedene Sachen Sushi). Es wird an Festtagen gerne als eine Art Reissalat verzehrt und eignet sich auch bestens für Partybuffets.

Temakisushi

Handgerolltes Sushi

Zutaten (4 Personen):

450 g Sushireis (Rezept Seite 13)

200 g Räucherlachs
4 Surimi
½ Gurke
1 Avocado
100 g Shrimps
1 Dose Thunfisch
1 EL Mayonnaise
8 Blätter Nori
2 Eier
1 TL Sake
2 TL Zucker
Salz
Öl

Sojasauce
Wasabi
Eingelegter Ingwer

Zubereitung (25 Minuten + Zubereitungszeit Sushireis):

1 Lachs, Surimi, Gurke und Avocado in Streifen schneiden. Shrimps ganz lassen.

2 Thunfisch abtropfen lassen und mit der Mayonnaise mischen.

3 Noriblätter vierteln.

4 Eier mit Sake, Zucker und Salz vermischen, daraus in etwas Öl ein Omelett braten und dieses in Streifen schneiden.

5 Ein Noriblatt auf die Handfläche nehmen, ein wenig Reis daraufgeben, die anderen Zutaten nach Wahl darauf verteilen und das Ganze zu einer Tüte rollen.

6 Dazu Sojasauce, Wasabi und eingelegten Ingwer reichen.

Perfekt für einen Abend mit Freunden: Alle Zutaten werden auf den Tisch gestellt, und jeder rollt sich nach Lust und Laune seine eigenen Temaki-sushis.

Oshisushi

Sushitorte (Gepresstes Sushi)

Zutaten (4 Personen):

---

450 g Sushireis (Rezept Seite 13)

200 g Räucherlachs
1 Dose Thunfisch (200 g, im eigenen Saft)
200 g Shrimps/Krabben
1 Frühlingszwiebel
1 Cocktailtomate

**Zubereitung (30 Minuten + Zubereitung Reis +
2 Stunden Presszeit):**

---

1 Eine Springform (Ø 18 cm) mit Frischhaltefolie auslegen.
2 Auf dem Boden der Springform die Hälfte von Fisch und
Meeresfrüchten mit der Zwiebel und der Tomate zu einem
Muster anordnen (der Kreativität sind keine Grenzen gesetzt).
3 Über das Muster vorsichtig den Reis zur Hälfte in die
Springform füllen und andrücken.
4 Eine weitere Schicht Fisch und Meeresfrüchte auf dem Reis
verteilen.
5 Den restlichen Reis vorsichtig in die Springform füllen,
mit den Fingern andrücken und mit Frischhaltefolie abdecken.
6 Das Oshisushi mit einem Teller und Gewicht (Stein, Buch …)
beschweren.
7 Etwa 2 Stunden im Kühlschrank pressen lassen.
8 Auf eine Platte stürzen und aus der Form lösen. Die Folie
entfernen und das Oshisushi wie einen Kuchen aufschneiden.

Gemüse

Yasaikinpira

Golden glänzendes Gemüse

Zutaten (4 Personen):

---

20 cm Rettich
2 Karotten
1 Zucchini
1 kleine Chilischote
1 EL Sesamöl
1 EL Sonnenblumenöl
2 cm Ingwer
2 TL Sake
1 EL Zucker
1 EL Sojasauce
1 TL Salz

Zubereitung (30 Minuten):

---

1 Rettich und Karotten schälen und in gleichmäßige dünne Stifte (etwa 5 cm lang) schneiden.

2 Zucchini waschen und ebenfalls in 5 cm lange Stifte schneiden.

3 Chilischote entkernen und in feine Ringe schneiden.

4 Sesamöl gemischt mit Sonnenblumenöl in einer Pfanne vorsichtig erhitzen, Karotten und Rettich darin bissfest braten.

5 Zucchini und geschälten, klein gehackten Ingwer dazugeben.

6 Sake, Zucker, Sojasauce und Chiliringe untermischen und weiterbraten, bis die Flüssigkeit vom Gemüse vollständig aufgesogen ist.

7 Zum Schluss mit Salz abschmecken.

Alternativ können auch andere Gemüsesorten verwendet werden, wie Knollensellerie, Kürbis, Süßkartoffel oder normale Kartoffel.

Kinpiragobo

Schwarzwurzelgemüse

Zutaten (4 Personen):

---

2 Schwarzwurzeln
1 Karotte

1 EL Sesamöl
2 TL Sake
1 EL Zucker
1 EL Sojasauce

Shichimi* oder Chilipulver
Gerösteter Sesam

Zubereitung (20 Minuten):

---

1 Schwarzwurzeln waschen und schälen, in gleichmäßige, dünne Stifte (etwa 7 cm lang) schneiden und in kaltes Wasser geben.
2 Karotte schälen und ebenfalls in 7 cm lange Stifte schneiden.
3 Schwarzwurzeln abtropfen lassen.
4 Sesamöl in einer Pfanne vorsichtig erhitzen und die Gemüsestreifen bissfest braten.
5 Sake, Zucker und Sojasauce untermischen und 2–3 Minuten köcheln lassen, bis die Flüssigkeit vom Gemüse aufgesogen ist.
6 In eine Schale geben und mit Shichimi oder Chilipulver und Sesam bestreuen.

*Shichimi Togarashi (Sieben-Gewürz-Chilipfeffer)

3 TL Sichuanpfeffer, im Mörser zerstoßen
1 TL Nori, fein zerrieben
3 TL getrocknete Mandarinen- oder Orangenschalen, gehackt
3 TL Chilipulver
1 TL schwarze Sesamsamen
2 TL weiße Sesamsamen
1 TL Mohnsamen

Alle Zutaten miteinander vermischen und in einem kleinen Schraubglas aufbewahren. Hält mehrere Monate. Eignet sich zum Würzen von Suppen, Gemüse, Reis oder Nudelgerichten.

Tipp:
Schwarzwurzeln mit Gummihandschuhen unter fließendem Wasser schälen.

Daikon to Baconni

Gekochter Rettich mit Speck

Zutaten (4 Personen):

---

15 cm Rettich
250 – 300 ml Dashi
3 Scheiben Frühstücksspeck
3 cm Ingwer
1 TL Öl

Sauce:
4 EL Sake
3 EL Sojasauce
1 EL Zucker
3 EL Essig

Zubereitung (45 Minuten):

---

1 Rettich schälen, in 1 cm große Würfel schneiden und
10 Minuten in kaltes Wasser legen.
2 Rettichwürfel 15 Minuten bei mittlerer Hitze in Dashi
kochen.
3 Speck in 1 cm breite Streifen schneiden.
4 Ingwer in feine Streifen schneiden.
5 Speck in einer Pfanne mit 1 Teelöffel Öl auslassen,
bis er knusprig ist.
6 Die Hitze reduzieren, den Ingwer dazugeben und 1 Minute
mit anbraten.
7 Dann den Rettich ohne Dashi hinzufügen.
8 Saucenzutaten vermischen, den Rettich damit angießen,
bis er knapp bedeckt ist, und etwa 8 Minuten einkochen lassen.
9 Den Herd ausschalten und das Ganze vor dem Servieren
noch kurz durchziehen lassen.

Kabocha no Nimono

Gekochter Kürbis

Zutaten (4 Personen):

¼ Hokkaidokürbis (etwa 600 g)
300 ml Dashi
1 EL Sake
1 EL Mirin
1 EL Zucker
1 EL Sojasauce
Gehackte Petersilie

Zubereitung (30 Minuten):

1 Kürbis vierteln, nur die verwachsenen Stellen an der Schale entfernen, entkernen und in mundgerechte Stücke schneiden.

2 Alle Zutaten, außer der Petersilie, in einen Topf geben.

3 Auf höchster Stufe aufkochen lassen, dann auf niedriger Stufe insgesamt 10 Minuten weiterköcheln lassen.

4 Kürbis in einer Schale anrichten und Petersilie darüberstreuen.

Satsumaimo no Nimono

Gekochte Süßkartoffeln

Zutaten (4 Personen):

---

1 große Süßkartoffel
300 ml Dashi
5 EL Zucker
2 EL Honig
½ TL Salz
2 TL Sojasauce

Zum Garnieren:
Etwas Schnittlauch

Zubereitung (45 Minuten):

---

1 Süßkartoffeln gut waschen, ungeschält in 1,5 cm dicke Scheiben schneiden und für etwa 10 Minuten in kaltes Wasser legen.

2 Süßkartoffeln in einen Topf geben, mit Wasser bedecken, auf höchster Stufe aufkochen, Temperatur herunterschalten und 7–8 Minuten kochen.

3 Das Wasser abgießen, die restlichen Zutaten mit in den Topf geben und etwa 15 Minuten weiterkochen lassen, bis die Flüssigkeit fast eingekocht ist.

4 Zum Servieren in einer Schale anrichten und mit Schnittlauch garnieren.

Nasu no Itamemono

Gebratene Auberginen

Zutaten (4 Personen):

---

1 Aubergine
Salz
Öl

Sauce:
2 EL Misopaste
2 EL Zucker
2 EL Sake
1 EL Sojasauce

Zum Garnieren:
2 Lauchzwiebeln

Zubereitung (30 Minuten):

---

1   Aubergine schälen und in etwa 5 cm lange, dicke Stifte
schneiden.
2   10 Minuten in wenig Wasser einweichen, danach mit Küchenkrepp trocken tupfen.
3   Saucenzutaten vermischen.
4   Öl in einer Pfanne erhitzen, die Auberginen darin vorsichtig
anbraten, bis sie weich sind.
5   Die Sauce darübergießen und kurz erhitzen.
6   Mit klein geschnittenen Lauchzwiebeln dekorieren.

Horenso no Gomaae

Spinat mit Sesam

Zutaten (4 Personen):

---

500 g Spinat

Sauce:
1 El Tahin (Sesampaste)*
2 EL Zucker
2 EL Sojasauce

Zubereitung (30 Minuten):

---

1 Spinat gut waschen, blanchieren, mit kaltem Wasser abschrecken, das Wasser gut ausdrücken und den Spinat in breite Streifen schneiden.

2 Tahin mit Zucker und Sojasauce vermischen.

3 Sauce unter den abgekühlten Spinat heben und den Spinat in einer kleinen Schale servieren.

* Als Ersatz für Sesampaste 3 Esslöffel weißen oder schwarzen Sesam anbraten und im Mörser gut zerstoßen.

Sauce auch zu grünen Bohnen, Mangold oder Brokkoli probieren

Horenso no Shiraae*

Spinat mit Tofusauce

Zutaten (4 Personen):

500 g Spinat oder Mangold
1 Karotte

Sauce:
⅓ Seidentofu (weich)
1 EL Tahin (weiße Sesampaste)
1 TL Sake
2 TL Zucker
1 TL Mirin
1 TL Sojasauce
Salz

Zubereitung (30 Minuten):

1 Für die Sauce den Tofu mit Küchenpapier trocken tupfen und dann zerkrümeln.
2 Tofu mit Sesampaste, Sake, Zucker, Mirin und Salz mischen.
3 Karotte schälen, in feine Streifen schneiden und kurz blanchieren.
4 Spinat gut waschen, blanchieren, abkühlen lassen und das Wasser ausdrücken, dann in 3 cm breite Streifen schneiden.
5 Kurz vor dem Servieren die Tofusauce mit dem Spinat und den Karotten mischen.

Sauce schmeckt
auch zu anderem
gekochtem Gemüse

Misomayonnaise

Gemüsedip

Zutaten (4 Personen):

½ *Brokkoli*
¼ *Blumenkohl*
2 *Karotten*

Dip:
2 *EL Mayonnaise*
2 *EL Miso*
2 *EL Joghurt*
1 *EL Zitronensaft*
1 *EL Zucker*

Zubereitung (20 Minuten):

---

1 Brokkoli und Blumenkohl waschen und in Röschen zerteilen.
2 Karotten längs vierteln.
3 Das Gemüse kurz in Salzwasser blanchieren (oder 5 Minuten über Salzwasser dämpfen), sodass es noch bissfest bleibt, abtropfen lassen und auf einem Teller anrichten.
4 Dipzutaten gut verrühren und zum Gemüse servieren.

Salat

Potatosalad

Kartoffelsalat

Zutaten (4 Personen):

---

3 mittelgroße Kartoffeln
1 Karotte
¼ Gurke
½ Zwiebel
1 Ei
Salz, Pfeffer
1 TL Zitronensaft

Sauce:
3 EL Mayonnaise
½ TL Senf
1 TL Zitronensaft
2 TL Zucker
Pfeffer

Zubereitung (45 Minuten):

---

1 Kartoffeln schälen, grob zerteilen.
2 Karotten schälen, längs halbieren und in 5 mm dicke Scheiben schneiden.
3 Gurke schälen, längs teilen, in dünne Scheiben schneiden, dann salzen, kneten, 5 Minuten ziehen lassen, abwaschen und gut ausdrücken.
4 Zwiebel schälen, halbieren, in dünne Scheiben schneiden.
5 Ei hart kochen.
6 Kartoffeln in einem Topf, mit Salzwasser bedeckt, aufkochen, dann Temperatur herunterschalten und weiterkochen lassen.
7 Nach 9 Minuten die Karotten dazugeben und weitere 3 Minuten mitkochen lassen.
8 Wasser abgießen und das Gemüse im Topf lassen, bis die restliche Flüssigkeit verdampft ist.
9 Ei schälen, zu den Kartoffeln und Karotten in den Topf geben und alles im heißen Zustand mit einer Gabel grob zerdrücken.
10 Mit Salz, Pfeffer und Zitronensaft würzen.
11 Zwiebeln unter den warmen Salat mischen und abkühlen lassen.
12 Saucenzutaten verrühren und mit der Gurke unter den abgekühlten Salat heben.

Kross gebratenen
Schinken oder Bacon
mit in den Salat
mischen

Daikonsalad

Rettichsalat

Zutaten (4 Personen):

---

10 cm Rettich

Salatsauce:
2 EL Weißweinessig oder Zitronensaft
2 EL Sojasauce
1 TL Zucker
1 EL Sesamöl

Zum Garnieren:
Schwarzer Sesam

Zubereitung (15 Minuten):

---

1 Rettich schälen, in dünne Streifen schneiden.

2 10 Minuten in kaltem Wasser ziehen lassen, danach abtropfen und kalt stellen.

3 Zutaten der Salatsauce vermischen und erst kurz vor dem Servieren unter den Rettich heben und mit schwarzem Sesam garnieren.

Resai*

Hühnersalat chinesischer Art

Zutaten (4 Personen):

---

300 g Hühnerbrust
Etwa 400 ml Wasser
2 EL Sake
½ Gurke
1 Frühlingszwiebel

Sauce:
1 EL Sesamöl
1 EL Sesampaste (Tahin)
1 TL scharfer Senf
2 EL Sojasauce

Zubereitung (20 Minuten):

---

1 Hühnerbrust waschen.

2 Wasser in einem kleinen Topf mit Sake aufkochen, Herd herunterschalten und die Hühnerbrust etwa 10 Minuten darin ziehen lassen (Wasser sollte knapp das Hühnerfleisch bedecken).

3 Gurke schälen, entkernen und in dünne, 5 cm lange Streifen schneiden.

4 Frühlingszwiebeln waschen und in feine, 5 cm lange Streifen schneiden.

5 Hähnchen mit einem Nudelholz leicht klopfen, bis es faserig wird, dann mit der Hand grob auseinanderzupfen.

6 Das Huhn und die Frühlingszwiebeln auf einem Gurkenbett anrichten.

7 Saucenzutaten gut verrühren und kurz vor dem Servieren über den Salat geben.

Surimidaikonsalad

Surimi-Rettich-Salat

Zutaten (4 Personen):

---

10 cm Rettich
8 Surimi
½ Kästchen Kresse

Sauce:
1 EL Mayonnaise
1 TL Wasabi (ersatzweise scharfer Meerrettich aus dem Glas)
½ TL Senf
1 TL Zitronensaft
Salz, weißer Pfeffer

Zubereitung (15 Minuten):

---

1 Rettich schälen, in Surimi-Länge teilen und längs in feine Streifen schneiden. Für 10 Minuten in kaltes Wasser legen.
2 Surimi in feine Streifen zerpflücken und mit dem gut abgetropften Rettich in eine Schale geben.
3 Saucenzutaten gut vermischen und vorsichtig unter den Salat heben.
4 Mit der Kresse garnieren.

Sunomono

Essiggemüse

Zutaten (4 Personen):

---

2 EL Krabben (oder 6 Surimi)
15 cm Gurke
Salz

Sauce:
1 TL Sojasauce
1 ½ EL Reisessig
1 TL Zucker
1 TL geriebener Ingwer

Zubereitung (15 Minuten):

---

1 Krabben vorbereiten oder Surimi in mundgerechte Stücke
schneiden.
2 Gurke schälen, in dünne Scheiben schneiden, einsalzen,
kneten, 5 Minuten ziehen lassen, abspülen und mit Küchenpapier
trocken tupfen.
3 Saucenzutaten mischen, mit den Krabben oder dem
Surimi und der Gurke vermengen.

Nudeln

Harusamesalad

Glasnudelsalat

Zutaten (4 Personen):

150 g Glasnudeln
2 Tomaten
½ Gurke
3 Scheiben gekochter Schinken
2 EL Sesam

Sauce:
3 EL Sesamöl
3 EL Reisessig
2 EL Sojasauce
2 EL Zucker
2 EL Zitronensaft
1 TL Salz

Zum Garnieren:
1 Handvoll Kresse

Zubereitung (30 Minuten):

1 Glasnudeln in einer Schüssel mit kochendem Wasser übergießen und 5 Minuten einweichen.
2 Nudeln gut abtropfen lassen und mit einer Küchenschere in mundgerechte Stücke schneiden.
3 Tomaten entkernen.
4 Tomaten, Gurke und Schinken in feine Streifen schneiden.
5 Sesamsamen in einer Pfanne anrösten.
6 Dressingzutaten verrühren.
7 Alle Zutaten gut miteinander vermischen.
8 Vor dem Servieren mit frischer Kresse garnieren.

Harusame bedeutet Frühlingsregen.

Kalter Nudelsalat chinesischer Art

Zutaten (4 Personen):

500 g Spaghetti oder chinesische Nudeln

2 Eier
2 EL Zucker
Öl zum Braten

½ Gurke
2 Scheiben gekochter Schinken
2 Tomaten
4 Surimi

Sauce:
4 EL Sojasauce
4 EL Essig oder Zitrone
3 EL schwarzer Sesam (angebraten, im Mörser zerkleinert)
2 EL Zucker
1 EL Sonnenblumenöl
1 TL scharfer Senf

Zubereitung (30 Minuten):

1 Nudeln kochen und kalt abspülen.
2 Die Eier mit Zucker verquirlen, zu einem luftigen Omelett
backen und dieses in Streifen schneiden.
3 Gurke und Schinken in Streifen schneiden.
4 Tomaten achteln.
5 Surimi in Streifen schneiden.
6 Saucenzutaten vermischen.
7 Geschnittene Zutaten auf den Nudeln anrichten.
8 Sauce erst kurz vor dem Servieren darübergießen.

Auch mit Mais, Thunfisch aus der Dose oder gekochter, zerpflückter Hühnerbrust versuchen

Tsukimi Udon

Mondnudeln*

Zutaten (4 Personen):

---

4 Portionen Udon-Nudeln
(alternativ: 400 g Linguine)

2 getrocknete Shiitakepilze
1–2 Frühlingszwiebeln
2 Handvoll frischer Spinat (alternativ Mangold, Feldsalat)
250 g Hühnerbrust
4 Eier
1 EL Sojasauce
1 EL Zucker

Suppe:
1 l Dashi
100 ml Sojasauce
2 EL Mirin
1 EL Zucker

Zubereitung (45 Minuten):

---

1 Shiitakepilze in einer Tasse warmem Wasser einweichen, dann den harten Stiel entfernen.
2 Frühlingszwiebeln in feine Ringe schneiden.
3 Spinat grob zerkleinern und kurz in Salzwasser blanchieren.
4 Hühnerbrust in 1,5 cm breite Streifen schneiden.
5 Shiitakepilze, Einweichwasser der Pilze, Sojasauce, Zucker und die Hühnerbrust in einem Topf mit Deckel bei mittlerer Hitze kochen lassen, bis der Sud eingekocht ist.
6 Die Eier einzeln in Essigwasser pochieren und beiseitelegen.
7 Nudeln in reichlich Salzwasser nach Packungsanweisung kochen, dann abtropfen lassen.
8 Zutaten für die Suppe vermischen und kurz aufkochen.
9 Nudeln auf vier Schalen verteilen, mit heißer Suppe aufgießen und mit den Zutaten garnieren.

* Seinen poetischen Namen hat dieses Gericht einer Leidenschaft der Japaner zu verdanken: der Mondbetrachtung. Das pochierte Ei gleicht dem Vollmond mit einem Hof.

M*isoramen

Nudelsuppe mit Miso

Zutaten (4 Personen):

400 g chinesische Nudeln (Ramen)

4 Eier
6–8 Scheiben gekochter Schinken
¼ Chinakohl
2 Karotten
1 Lauch
2 EL Sesamöl
Salz, Pfeffer

1 Gemüsebrühwürfel
1,5 l Wasser
5 EL Miso

1 kleine Dose Mais

Zubereitung (35 Minuten):

1 Eier hart kochen.
2 Schinken in Streifen schneiden.
3 Chinakohl, Karotten und Lauch putzen, in mundgerechte Stücke schneiden, in 1 Esslöffel Sesamöl anbraten, leicht salzen, pfeffern und beiseitestellen.
4 Gemüsebrühwürfel in 1,5 Liter heißem Wasser auflösen, kurz aufkochen lassen, Herd herunterschalten und dann das Miso in der nicht mehr kochenden Brühe auflösen.
5 Nudeln kochen, abtropfen lassen und auf vier Schüsseln verteilen.
6 1 Esslöffel Sesamöl in die Brühe rühren und diese über die Nudeln schöpfen.
7 Gemüse und Schinken darauf anrichten.
8 Mit Mais und halbiertem Ei dekorieren.

Suppe wird in Japan mit Stäbchen gegessen. Die Flüssigkeit trinkt man aus der Schale, die Suppeneinlagen pickt man mit Stäbchen aus der Brühe.

Tarako Spaghetti*

Spaghetti mit Dorschrogen

Zutaten (4 Personen):

400 g Spaghetti

½ Bund Schnittlauch
3 EL weiche Butter
6 EL Kaviarcreme aus der Tube (Dorschrogen)
4 Spritzer Tabasco
1 Noriblatt

Zubereitung (15 Minuten):

1 Schnittlauch waschen und fein schneiden.

2 Butter mit Kaviarcreme und Tabasco verrühren.

3 Spaghetti in reichlich Salzwasser bissfest kochen und abgießen.

4 Kaviarbutter unter die heißen Nudeln rühren.

5 Tarako Spaghetti auf vier Teller verteilen, mit fein geschnittenem Nori und Schnittlauch bestreuen und sofort servieren.

Tuna Spaghetti*

Spaghetti mit Thunfisch-Rettich-Sauce

Zutaten (4 Personen):

---

400 g Spaghetti

1 Dose Thunfisch in eigenem Saft
4 EL Sojasauce
15 cm Rettich
1 Frühlingszwiebel
4 EL Butter

1 Noriblatt

Zubereitung (15 Minuten):

---

1 Thunfisch abtropfen, zerpflücken und mit der Sojasauce vermischen.

2 Rettich schälen und sehr fein reiben.

3 Frühlingszwiebeln putzen und in dünne Ringe schneiden.

4 Nudeln in reichlich Salzwasser bissfest kochen, abtropfen lassen und auf vier Teller verteilen.

5 Jeweils 1 Esslöffel Butter daruntermischen und mit leicht ausgepresstem Rettich und dem Thunfisch anrichten.

6 Mit Nori und Frühlingszwiebeln garnieren und sofort servieren.

Kare Spaghetti*

Spaghetti mit Curry-Hackfleisch-Sauce

Zutaten (4 Personen):

---

400 g Spaghetti

½ Zwiebel
1 Knoblauchzehe
1 TL Öl
200 g Hackfleisch
Salz, Pfeffer
1 EL Tomatenmark
200 ml Wasser
2 EL scharfes Currypulver
1 kleiner geriebener Apfel
1 EL Honig
½ EL Speisestärke (nach Belieben)

Zum Garnieren:
Apfelscheiben und Schnittlauch

Zubereitung (30 Minuten):

---

1 Zwiebel und Knoblauch schälen und fein hacken.

2 Öl in einer Pfanne erhitzen und die Zwiebeln und den Knoblauch darin anbraten.

3 Hackfleisch dazugeben und mit anbraten, bis es krümelig wird, leicht salzen und pfeffern.

4 Tomatenmark und Wasser hinzugeben, bei mittlerer Hitze 7–8 Minuten zugedeckt köcheln lassen.

5 Currypulver, Apfel und Honig unterrühren und gegebenenfalls mit Speisestärke (vorher mit 2 Esslöffeln Wasser anrühren) leicht andicken.

6 Spaghetti in reichlich heißem Salzwasser bissfest kochen und dann abgießen.

7 Die Sauce mit Salz und Pfeffer abschmecken und über die Spaghetti geben und sofort servieren.

8 Mit Apfelscheiben und Schnittlauch garnieren und sofort servieren.

Zarusoba

Kalte Buchweizennudeln mit Dip

Zutaten (4 Personen):

400 g Buchweizennudeln (Soba)

4 Frühlingszwiebeln
1 Noriblatt
Wasabi

Sauce:
300 ml Wasser
70 ml Sake
1 EL Zucker
70 ml Sojasauce
70 ml Dashi

Zubereitung (10 Minuten + 30 Minuten Kühlzeit):

1   Alle Zutaten für die Sauce mischen und kurz aufkochen, dann 2–3 Minuten bei niedriger Hitze köcheln lassen.

2   Abkühlen lassen und dann für mindestens 30 Minuten in den Kühlschrank stellen.

3   Frühlingszwiebeln in feine Ringe schneiden.

4   Nori mit der Schere in dünne Streifen schneiden.

5   Soba in reichlich siedendem Wasser nach Packungsanweisung *al dente* kochen, danach in ein Sieb geben, eiskalt abschrecken und gut abtropfen lassen.

6   Die Nudeln auf vier Teller (wenn möglich Bambuskörbchen oder Ähnliches) verteilen und die Noristreifen darüberstreuen.

7   Die Sauce in vier kleine Schalen verteilen.

8   Die Frühlingszwiebeln und das Wasabi werden ebenfalls separat gereicht.

9   Die Nudeln werden portionsweise in die Sauce gedippt, die man individuell mit Frühlingszwiebeln und Wasabi würzt.

An vielen Ecken in japanischen Städten gibt es „Soba"-Lokale, in denen man schnell den kleinen Hunger stillen kann. Diese Lokale erkennt man sofort am Geräuschpegel, da das Schlürfen der Nudeln zum „guten Ton" gehört. Mit dieser Technik kann beim Essen mit Stäbchen sehr viel Sauce aufgenommen werden.

Yakisoba

Gebratene Nudeln

Zutaten (4 Personen):

---

400 g chinesische Nudeln
200 g Rind- oder Schweinefleisch
¼ Weißkohl
2 Karotten
1 Zwiebel
2 EL Pflanzenöl
100 ml Wasser
Worcestersauce
½ Noriblatt

Zubereitung (30 Minuten):

---

1 Nudeln nach Packungsanweisung kochen und abtropfen lassen.

2 Fleisch und geputzten Weißkohl in dünne Streifen schneiden.

3 Karotten und Zwiebeln schälen und ebenfalls in dünne Scheiben schneiden.

4 Öl in einer Pfanne erhitzen und das Fleisch bei mittlerer Hitze anbraten.

5 Karotten und Zwiebeln dazugeben und mitbraten, bis sie bissfest sind.

6 Kohl mit in die Pfanne geben und braten, bis dieser weich ist.

7 Nudeln leicht auseinanderpflücken, damit sie sich besser verteilen, mit in die Pfanne geben und vorsichtig unter das Gemüse heben.

8 Wasser hinzugießen und etwa 5 Minuten, unter gelegentlichem Rühren, weitergaren.

9 Mit der Worcestersauce würzen und mit dem in feine Streifen geschnittenen Nori garnieren

Variante: mit Meeresfrüchten oder vegetarisch, mit allen Arten von Gemüse (größeres Gemüse vorgaren).

Chinesisch:
Sojasauce oder
Austernsauce statt
Worcestersauce

Tofu

Tofuburger

Tofubällchen

Zutaten (4 Personen):

Bällchenmasse:
2 getrocknete Shiitakepilze
400 g Tofu
1 mittelgroße Karotte
2 Frühlingszwiebeln
300 g Shrimps
1 Ei
1 EL Paniermehl
1 Prise Salz, Pfeffer

1 EL Mehl
2 EL Öl
1 EL Butter
Salatblätter
Ketchup (alternativ: Sojasauce oder
Okonomiyakisauce Seite 138)

Zubereitung (45 Minuten):

1 Shiitakepilze in 1 Tasse Wasser einweichen, ausdrücken und den Stiel entfernen.
2 Tofu abtropfen, ausdrücken und klein würfeln.
3 Karotte schälen und in grobe Stücke schneiden.
4 Frühlingszwiebeln säubern und in Ringe schneiden.
5 Pilze, Shrimps, Tofu und Gemüse mit Ei und Paniermehl in einer Küchenmaschine (oder mit einem Stabmixer) grob pürieren, leicht salzen und pfeffern.
6 Aus der Tofumasse Bällchen formen, etwas flach drücken und in Mehl wenden.
7 Öl und Butter in einer beschichteten Pfanne erhitzen und die Tofuburger darin bei mittlerer Hitze goldgelb braten.
8 Auf Küchenpapier abtropfen lassen.
9 Auf Salatblättern mit Ketchup servieren.

Anstelle der Shrimps
fein gehacktes Hühner-
fleisch nehmen

Mabodofu

Tofu mit Hackfleisch

Zutaten (4 Personen):

---

2 Lauchzwiebeln
1 Knoblauchzehe
1 cm Ingwer
1 EL Sesamöl
1 EL Sonnenblumenöl
150 g Hackfleisch
1 TL Speisestärke
1 Block Tofu (200 g)

Sauce:
70 ml Dashi
1 EL Miso
2 EL Sojasauce
2 EL Zucker
1 TL Sambal Olek

Zubereitung (20 Minuten):

---

1 Lauchzwiebeln in Ringe schneiden, Knoblauch und Ingwer schälen und klein hacken.

2 Dashi mit den restlichen Saucenzutaten vermischen und die Sauce beiseitestellen.

3 Sesam- und Sonnenblumenöl in einer Pfanne erhitzen und die Lauchzwiebeln, Knoblauch und Ingwer darin vorsichtig anbraten.

4 Hackfleisch zugeben und mit anbraten.

5 Mit der vorbereiteten Sauce ablöschen und kurz aufkochen lassen.

6 Speisestärke in etwas lauwarmem Wasser anrühren und die Sauce damit andicken.

7 Den gewürfelten Tofu unter das Hackfleisch rühren und warm werden lassen.

8 Das Mabodofu in einer Schale anrichten.

Passt auch
als Nudelsauce

Hiyayakko

Kalter Tofu mit Sojasauce

Zutaten (4 Personen):

---

400 g Seidentofu (feiner Tofu)

2 Frühlingszwiebeln
2 cm Ingwer
400 ml Sojasauce
1 EL Zitronensaft

Zubereitung (10 Minuten):

---

1 Frühlingszwiebeln putzen und in feine Ringe schneiden.

2 Ingwer in feine Streifen schneiden oder fein reiben.

3 Sojasauce und Zitronensaft mischen.

4 Tofu aus dem Kühlschrank nehmen und in vier Portionen teilen.

5 Mit den Frühlingszwiebeln und dem Ingwer garnieren.

6 Die Zitronen-Soja-Sauce separat reichen. So kann jeder seinen Tofu nach Geschmack damit begießen.

Tofu Dengaku

Gegrillter Tofu mit Miso

Zutaten (4 Personen):

---

750 g fester Tofu
1 EL Öl

Misosauce:
6 EL Miso
2 EL Sake
2 EL Mirin
2 EL Zucker
2 EL Dashi

Zum Garnieren:
1 kleine Frühlingszwiebel
2 EL Sesam
Abgeriebene Schale von 1 Zitrone

Holzspieße

Zubereitung (30 Minuten):

---

1 Für die Misosauce alle Zutaten in einen kleinen Topf geben und bei niedrigster Temperatur unter Rühren erwärmen, bis sich der Zucker aufgelöst hat.

2 Den Tofu in etwa 5 cm große und 2 cm dicke Quader schneiden.

3 Öl in einer Pfanne erhitzen und den Tofu bei mittlerer Temperatur auf beiden Seiten goldbraun anbraten oder den Tofu auf Holzspieße stecken und auf dem Grill bräunen.

4 Misosauce auf die Oberseite des Tofu streichen.

5 Mit Frühlingszwiebeln, Sesam und Zitronenschale dekorieren.

Variante: klein gehackten Spinat in der Misosauce mitkochen oder statt Tofu Auberginenscheiben frittieren und mit der Misosauce bestreichen.

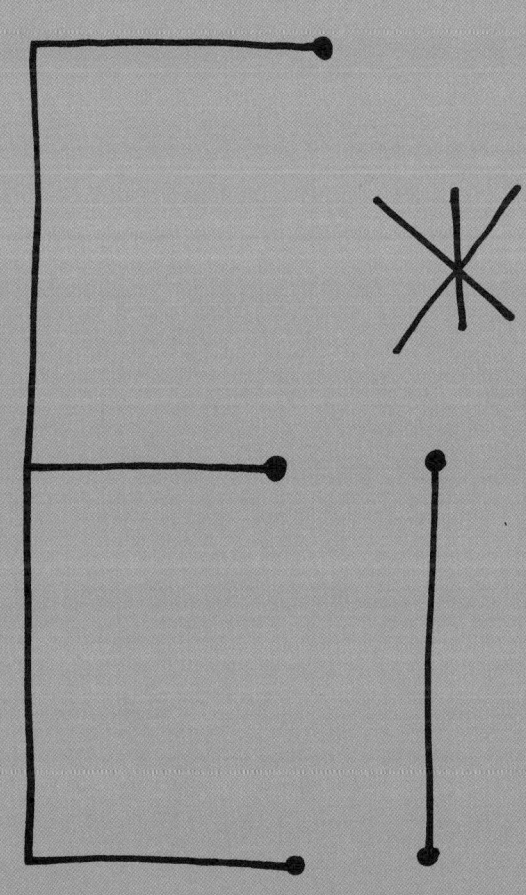

Okonomiyaki

Japanische „Pizza" („Alles, was man mag")

Zutaten (4 Personen):

Teig:
200 g Mehl
3 Eier
400 ml abgekühltes Dashi

¼ Weißkohl
4 Scheiben gekochter Schinken
100 g Shrimps
3 Frühlingszwiebeln
Öl

1 Noriblatt
2 EL Mayonnaise

Okonomiyakisauce:
2 EL Ketchup
2 EL Pflaumenmus
1 TL Currypulver
1 EL Sojasauce
1 EL Worcestersauce

Zubereitung (60 Minuten):
---

1 Saucenzutaten vermischen.

2 Teigzutaten verrühren.

3 Weißkohl in feine Streifen schneiden.

4 Schinken, Shrimps und Frühlingszwiebeln sehr klein schneiden und unter den Teig mischen.

5 Öl in einer beschichteten Pfanne erhitzen und ein Viertel der Teigmischung hineingeben.

6 Wie einen Pfannkuchen von beiden Seiten backen und warm halten.

7 Aus dem übrigen Teig drei weitere Pfannkuchen backen.

8 Auf vier Teller verteilen und mit der Sauce bestreichen.

9 Fein geschnittenes Nori darüberstreuen.

10 Zum Schluss mit Mayonnaise verzieren.

In Japan gibt es Okonomiyaki-Lokale, mit Tischen, die in der Mitte eine heiße Platte haben, auf der sich die Gäste ihr selbst zusammengestelltes „Okonomiyaki" braten können.

Ideales Gericht zur Resteverwertung, da die Füllung nach Geschmack und Laune variiert werden kann

Chawanmushi*

Bunter Eierstich

Zutaten (4 Personen):

Eiermasse:
3 Eier
165 ml Dashi
1 TL helle Sojasauce (optional)
1 TL Mirin
1 Prise Salz

2 getrocknete Shiitakepilze
100 g Hühnerbrust
4 Surimi
100 g geschälte Krabben
3 EL Tiefkühlerbsen

4 feuerfeste Schälchen

Zubereitung (35 Minuten):

---

1 Shiitakepilze in lauwarmem Wasser 10 Minuten einweichen, ausdrücken, Stiele und harte Teile entfernen.
2 Zutaten der Eiermasse locker miteinander verrühren und durch ein feines Sieb streichen.
3 Hühnerfleisch und Surimi in kleine Würfel schneiden.
4 Pilze in Streifen schneiden.
5 Fleisch, Krabben, Surimi, Pilze und Erbsen auf vier kleine feuerfeste Schälchen verteilen und die Eiermasse darübergießen.
6 Die Schälchen in einen Topf mit kochendem Wasser (etwa 1,5 cm hoch) stellen und den Topf mit einem Deckel, um den ein Geschirrtuch gewickelt ist, schließen.
7 1 Minute auf höchster Stufe kochen, dann auf die niedrigste Stufe schalten und die Eiermasse 12–15 Minuten stocken lassen.
8 Die Festigkeit des Eierstichs mit einem Holzspieß überprüfen (die Konsistenz ist zarter als die eines Puddings).
9 Die heißen Schälchen auf hitzebeständige Untersetzer stellen und sofort servieren.

Chawanmushi wird mit kleinen Löffeln gegessen.

Schmeckt im Sommer auch eisgekühlt

Omurice

Gefülltes Reisomelett

Zutaten (4 Personen):

---

450 g Reis

200 g Hühnerbrust
1 grüne Paprika
4 Champignons
1 Zwiebel
Salz, Pfeffer
4 EL Ketchup und Ketchup zum Garnieren

4 Eier
4 EL Mineralwasser

Öl zum Braten

Zubereitung (30 Minuten + Zubereitung Reis):

---

1 Reis kochen (Rezept Seite 12).
2 Huhn, Paprika, Champignons und Zwiebel putzen und würfeln.
3 Öl in einer Pfanne erhitzen und das Hühnerfleisch darin sanft anbraten.
4 Zwiebel, Champignons, Paprika hinzugeben und mit anbraten.
5 Gekochten Reis mit in die Pfanne geben und alles gut vermengen.
6 Mit Salz und Pfeffer würzen.
7 Herd ausschalten und das Ketchup unter den Reis mischen.
8 In einer zweiten Pfanne Öl erhitzen.
9 Ein Ei mit 1 Esslöffel Mineralwasser verquirlen, in die Pfanne gleiten lassen und ein großes, dünnes Omelett daraus backen.
10 Den Hühnerreis in die Mitte geben, das Omelett darüberfalten und auf einen Teller geben.
11 Mit den restlichen drei Eiern genauso verfahren.
12 Omeletts mit Ketchup garnieren.

Tamago Maki*

Eierrolle mit Gemüse

Zutaten (4 Personen):

---

5 Eier

1 getrockneter Shiitakepilz
1 kleine Karotte
2 Frühlingszwiebeln
3 EL Sake
1 ½ EL Zucker
½ TL Salz
3 EL Mineralwasser
Öl zum Braten

15 cm fein geriebener Rettich
Sojasauce

Zubereitung (45 Minuten):

---

1 Den Shiitakepilz 10 Minuten in heißem Wasser einweichen, den Stiel entfernen und den Pilz in kleine Würfel schneiden.

2 Karotte schälen und in sehr feine Würfel schneiden.

3 Frühlingszwiebeln putzen und in feine Ringe schneiden.

4 Eier miteinander verquirlen.

5 Alle Zutaten zu den Eiern geben und gut verrühren.

6 Öl auf mittlerer Stufe in einer beschichteten Pfanne erhitzen.

7 Ein Viertel der Eiermasse in die Pfanne geben, ein Omelett braten. Bevor dieses gar ist, zur Seite rollen und das zweite Viertel der Eiermasse in die Pfanne unter das erste Omelett geben.

8 Wenn diese Portion wiederum fast gar ist, diese um die erste Rolle wickeln.

9 Diesen Vorgang noch zweimal wiederholen.

10 Eierrolle aus der Pfanne nehmen und in einer Sushimatte oder einem feuchten Küchentuch zu einer Rolle pressen.

11 Die fertige Eierrolle in 2–3 cm dicke Scheiben schneiden und mit Rettich und Sojasauce servieren.

Auch die klassische Version ohne Gemüse probieren

SüBes

Kasutera

Biskuitkuchen

Zutaten (4 Personen):

---

8 Eier
300 g Zucker
3 EL Honig
50 ml lauwarme Milch
200 g Mehl

Nach der Anleitung auf Seite 173 gebastelte Kuchenform oder
gewöhnliche Kastenform

Zubereitung (20 Minuten + 60–70 Minuten Backzeit):

---

1 Eier und Zucker in einer Schüssel mit einem elektrischen
Rührgerät etwa 10 Minuten schaumig schlagen.
2 Honig mit der Milch vermischen, zur Eiermasse geben
und weitere 2–3 Minuten rühren.
3 Dann das Mehl darübersieben und nochmals eine halbe
Minute weiterrühren.
4 Backofen auf 170–180 °C vorheizen.
5 Teig in die Form geben und auf der mittleren Schiene
des Backofens 8–10 Minuten backen, bis die Oberfläche leicht
braun wird.
6 Dann die Oberfläche am Rand ringsherum etwa 1 cm tief
einschneiden, um zu verhindern, dass der Kuchen beim
Backen aufreißt.
7 Temperatur herunterschalten auf 150–160 °C, die Form
auf die unterste Schiene stellen und den Kuchen 50–60 Minuten
backen, bis die Oberfläche eine schöne braune Farbe hat.
8 Fertigen Kuchen aus der Form lösen, vertikal in zwei Teile
schneiden und fest in Frischhaltefolie einwickeln, damit der
Kuchen beim Abkühlen seine Form behält.
9 Den abgekühlten Kuchen in Scheiben geschnitten servieren.

*Verschiedene
Geschmacks-
richtungen und
Einfärbungen, wie
sie in Japan üblich
sind, erreicht man
beispielsweise, indem
man Kakaopulver,
Zimt, geriebene
Zitrone, grünes
Teepulver oder
gemahlene Nüsse
hinzufügt oder
den weißen durch
braunen Zucker
ersetzt.*

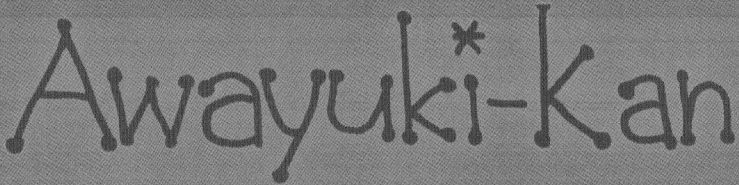

Awayuki-Kan

Schneeweißes Erdbeerdessert

Zutaten (4 Personen):

400 g reife Erdbeeren
3 + 5 EL Zucker
250 ml Milch
200 ml Wasser
6 Blatt Gelatine
2 EL Kondensmilch
4 Tropfen Vanilleessenz oder 1 Packung Vanillezucker

Zubereitung (20 Minuten + 1–2 Stunden Kühlzeit):

1 Erdbeeren putzen und ein paar für die Dekoration beiseitelegen.

2 Die restlichen Erdbeeren vierteln, mit 3 Esslöffeln Zucker vermischen und etwas ziehen lassen.

3 Die gezuckerten Erdbeeren mit der Milch vermischen.

4 Wasser in einem kleinen Topf erwärmen, Gelatine darin bei mittlerer Hitze auflösen und 1 Minute köcheln lassen (beziehungsweise nach Packungsanweisung zubereiten).

5 Kondensmilch und restlichen Zucker dazugeben und unter Rühren auflösen.

6 Etwas abkühlen lassen, die Erdbeeren mit der Milch und ein paar Tropfen Vanilleessenz unterrühren.

7 Die Erdbeerspeise in vier Schälchen verteilen und im Kühlschrank in 1–2 Stunden fest werden lassen.

8 Mit den beiseitegelegten Erdbeeren dekorieren.

Auch mit anderen
süßen Obstsorten
wie Nektarinen
ausprobieren

Lemon-kan

Zitronengelee

Zutaten (für 8 Zitronenhälften):

5 g Gelatine
4 Zitronen
100 g Zucker
200 ml Wasser

Eiswürfel

Zubereitung (20 Minuten + 2 Stunden Kühlzeit):

1 Gelatine nach Packungsanweisung einweichen.
2 Zitronen längs halbieren, 100 ml Saft vorsichtig auspressen, sodass die Schale nicht beschädigt wird, und dann das restliche Fruchtfleisch entfernen.
3 Zucker, Wasser und Gelatine aufkochen und auf Zimmertemperatur abkühlen lassen.
4 Zitronensaft unterrühren und die Masse in die Zitronenschalen füllen.
5 Im Kühlschrank fest werden lassen.
6 Auf einem Bett von Eiswürfeln servieren.

Variante:
auch mit anderen Zitrusfrüchten wie Orange, Limette oder Grapefruit versuchen (eventuell die Mengenangaben dafür erhöhen) oder das Fruchtsaft-Wasser-Gemisch durch 300 ml grünen Tee oder starken Kaffee ersetzen und in kleinen Schälchen oder Espressotassen fest werden lassen.

Mit geschlagener
Sahne servieren

Daigakuimo

Kandierte Süßkartoffeln

Zutaten (4 Personen):

---

500 g Süßkartoffeln
Öl zum Braten

Sauce:
2 EL schwarze Sesamkörner
2 EL Öl
160 g Zucker

Zubereitung (30 Minuten):

---

1 Süßkartoffeln gut waschen, ungeschält in mundgerechte Stücke schneiden und für etwa 10 Minuten in kaltes Wasser einlegen.

2 Die gut abgetropften Kartoffeln in 1 Esslöffel Öl anbraten, bis sie außen knusprig werden, danach auf Küchenpapier abtropfen lassen.

3 Für die Sauce den Sesam in einem großen Topf anbraten, das restliche Öl und den Zucker zugeben und erhitzen, bis das Ganze zu karamellisieren beginnt.

4 Den Topf vom Herd nehmen, die Kartoffeln dazugeben und alles gut durchrühren.

5 Süßkartoffeln in einem weiten Gefäß servieren, sodass sie nicht zusammenkleben.

6 Warm oder kalt genießen.

Daigaku bedeutet Hochschule. Dieser Süßkartoffelsnack wird so genannt, weil er bei Studenten sehr beliebt ist.

Dorayaki*

Pancake mit Füllung

Zutaten (4 Personen):

---

3 Eier
150 g Zucker
½ TL Backpulver
80 ml Wasser
180 g Mehl
1 EL Honig
1 EL Mirin

Füllungen zur Wahl (jeweils 4 EL):
– süßes Bohnenmus (siehe Seite 168)
– Maronencreme
– Vanillepudding mit 1 EL grünem Teepulver (Matcha)

Zum Garnieren:
Puderzucker (nach Belieben)
Frische Früchte

Zubereitung (25 Minuten):

---

1 Eier mit dem Zucker schaumig schlagen.

2 Backpulver im Wasser auflösen.

3 Mehl in die Eiermischung geben und alles mit dem aufgelösten Backpulver, dem Honig und dem Mirin zu einem glatten Teig verrühren.

4 In einer Pfanne nacheinander 8 kleine Pfannkuchen (Ø etwa 8 cm) backen.

5 Pfannkuchen abkühlen lassen.

6 Jeweils 2 Pfannkuchen mit gewünschter Füllung zusammenfügen.

7 Nach Belieben mit Puderzucker bestäuben und mit Früchten garnieren.

Matcha Aïsu

Eis von grünem Tee

Zutaten (4 Personen):

1 Packung (1 l) Bourbon-Vanilleeis
1 EL grünes Teepulver (Matcha)
Frische Früchte

**Zubereitung (10 Minuten + 10 Minuten Antauen +
30 Minuten Einfrieren):**

1 Vanilleeis 5–10 Minuten antauen lassen (das Eis sollte die
Konsistenz von streichfähiger Butter haben).
2 1 Esslöffel grünes Teepulver nach und nach unterrühren,
bis keine Teepulverpunkte mehr zu sehen sind.
3 Eis ins Tiefkühlfach zurückstellen und mindestens eine
halbe Stunde wieder anfrieren lassen.
4 Eis auf Schälchen verteilen und mit Früchten dekorieren.

Tipp:
Gerne wird dieses Eis
auch mit Anko (süßes
Bohnenmus, Rezept
Seite 168) serviert.

Ein japanisches Menü ...

... besteht aus:
– einer Schale Misosuppe
– einer Schale Reis
– Tsukemono
– Salat oder Gemüse
– 1–2 Gerichten aus Fisch, Fleisch und/
oder Tofu

... sollte folgenden Regeln folgen:

1. Der Jahreszeit angemessen
Die Auswahl der Zutaten und das verwendete Geschirr richten sich nach der Saison. Im Herbst und Winter werden gerne irdene und warme Töne gewählt, wohingegen im Frühling und Sommer das zarte, leichte oder gar gläserne Geschirr zur Geltung kommen darf.

2. Dem Anlass entsprechend
Neben der Anzahl der zu bekochenden Personen ist in der Wahl der Speisen zu berücksichtigen, ob der Anlass ein Feiertag, ein Mittagessen, Abendessen oder Picknick ist.

3. Vielfalt in Geschmack und Konsistenz
Ein gutes Menü sollte mit einem Fisch-, einem Fleisch- und einem Gemüsegericht geplant werden. Außerdem sollten verschiedene Zubereitungsmethoden wie Garen, Dämpfen, Kochen, Grillen oder Frittieren angewandt werden, und die Speisen sollten verschiedene Geschmacksrichtungen aufweisen, wie süß, scharf, salzig, bitter und sauer.

4. Gefällig in Farbe und Präsentation
Jeder Bestandteil eines Menüs hat seine eigene Farbe und Konsistenz. Die klassischen Farben eines kompletten japanischen Mahls sind Gelb, Schwarz, Weiß, Grün und Rot.

5. Zum Wohl der Gesundheit
Die vielfältigen Speisen in der japanischen Küche versorgen den Körper mit allen wichtigen Nährstoffen und nehmen auf verschiedene gesundheitliche Aspekte, wie zum Beispiel hoher Blutdruck und Cholesterin, Rücksicht.

Tischregeln für japanisches Essen

Zu Beginn eines japanischen Essens wird dem Gast ein heißes, feuchtes kleines Tuch (*Oshibori*) gereicht, um sich die Hände zu reinigen.

Gegessen wird fast ausschließlich mit Stäbchen. Daher wird das Essen immer in mundgerechte, stäbchentaugliche Größen geschnitten. Stäbchen (*O-hashi*) richtig zu benutzen ist eine reine Übungssache und kann relativ schnell erlernt werden. Für den Beginn ist es einfacher, unlackierte, hölzerne Exemplare zu benutzen, da diese griffiger sind. Die Reisschale wird in der linken Hand gehalten, wenn man mit rechts die Stäbchen hält. Für Linkshänder gilt es genau andersherum. In einigen Ausnahmefällen sind allerdings Löffel erlaubt, wie beispielsweise bei Chawanmushi (Seite 140) und diversen Süßigkeiten.

Wenn am Tisch alkoholische Getränke gereicht werden, gehört es zum guten Ton, sich gegenseitig Bier oder Sake nachzugießen und sich mit einem herzlichen *kan pai* zuzuprosten.

Menü**

Asagohan

Ein typisch japanisches Frühstück

Das japanische Frühstück ist für den europäischen Gaumen besonders ungewöhnlich. Reis, Misosuppe, gegrillter Fisch und Tsukemono auf nüchternen Magen erfordern bestimmt etwas Überwindung. Hat man sich aber erst einmal darauf eingelassen, wird man – mit vielen wichtigen Nährstoffen ausgestattet – gestärkt in den Tag hineingehen können. Für ganz Mutige wird auch ein fast rohes, nur leicht erhitztes Ei im Glas serviert, das mit Sojasauce gewürzt ist. Tatsächlich ist es in Japan aber auch nicht mehr ungewöhnlich, zum Frühstück die westliche Variante mit Toastbrot, Marmelade, Schinken oder Käse zu servieren.

A. Misosuppe *(mit Champignons)*

B. Reis

C. Gegrillter Fisch
Masu no Shioyaki (Gesalzene, gegrillte Forelle)

Zutaten (4 Personen):
4 frische Forellenfilets
Salz

Zubereitung (12 Minuten):
1 Forellenfilets unter fließendem Wasser waschen.
2 Filets halbieren und auf der Hautseite jedes Stück dreimal quer einschneiden.
3 Mit Salz bestreuen und mit der Hautseite nach oben auf Alufolie im Ofen etwa 10 Minuten grillen, bis die Haut leicht gebräunt ist.

Alternativ:
Lachsfilet, Makrelenfilet etc.

D. Tsukemono
Radishu Salad (Radieschensalat)

Zutaten (4 Personen):
½ Bund Radieschen
2 EL Essig
1 TL Zucker
1 Prise Salz

Zubereitung (15 Minuten):
1 Radieschen in dünne Stifte schneiden.
2 Essig, Zucker und Salz vermischen.
3 Radieschen in der Marinade 10 Minuten ziehen lassen.

E. Ei
Tamago Maki (ohne Gemüse)
Rezept Seite 144

F. Grüner Tee

Ohirugohan

Ein Menü für jeden Tag

Das japanische Mittagessen ist oft ein One-Pot-Gericht, kann aber auch aus einem nicht zu aufwendigen Menü mit mehreren Einzelgerichten bestehen.

A. Suppe
Tomorokoshi Supu (Maissuppe)

Zutaten (4 Personen):
600 ml Gemüsebrühe
1 Dose Mais (etwa 300 g)
1 EL Speisestärke
125 ml Sahne
2 Eier

Zubereitung (30 Minuten):
1 In einem Topf das Wasser zum Kochen bringen und Gemüsebrühe zubereiten.
2 Den abgetropften Mais hinzufügen und aufkochen lassen, dann die Suppe fein pürieren.
3 Stärke in 2 Esslöffeln Wasser auflösen und zur Suppe hinzugeben.
4 Sahne und 2 geschlagene Eier dazugeben, unter Rühren kurz köcheln lassen und servieren.

B. Reis

C. Fleisch, Fisch oder Tofu
Gyuniku no Teriyaki (Rindfleisch mit Teriyakisauce)

Zutaten (4 Personen):
4 Rindersteaks à 120 g
3 EL Öl
Teriyakisauce (siehe Seite 48)
Rettich + Ingwer

Zubereitung (30 Minuten + 1 Stunde Marinierzeit):
1 Teriyakisauce zubereiten und die Steaks darin 1 Stunde marinieren.
2 Öl in einer Pfanne erhitzen, die Steaks von beiden Seiten je 3 Minuten braten und nach dem Wenden mit der Marinade übergießen.
3 Etwa 10 Minuten in Alufolie gewickelt ruhen lassen, in 1–2 cm breite Streifen schneiden und mit geriebenem Rettich und Ingwer servieren.

D. Gemüse oder Salat
Ingenmame no Gomaae
(Grüne Bohnen mit schwarzer Sesamsauce) Rezept Seite 88

E. Tsukemono
Oshinko (Eingelegter Chinakohl)

Zutaten (4 Personen):
1 Kopf Chinakohl
Salz
1 kleine Chilischote

Zubereitung (10 Minuten + 3 Tage):
1 Chinakohl waschen, abtropfen lassen, in 3 x 3 cm große Stücke schneiden und abwechselnd mit dem Salz in ein tiefes, nicht lichtdurchlässiges Gefäß schichten.
2 Das Ganze abdecken und beschweren und 3 Tage bei Raumtemperatur stehen lassen, 1-mal pro Tag vermengen und sich versichern, dass der Kohl nicht welkt.
3 Nach einem Tag sollte sich viel Flüssigkeit bilden, sonst ist zu wenig Salz zugegeben. Der Kohl ist fertig, wenn er leicht durchsichtig und weich wird.

F. Kaltgetränk

Bangohan

Ein Menü für den Abend (und für Gäste)

Das japanische Abendessen ist die eigentliche Hauptmahlzeit, da das Mittagessen meist außer Haus eingenommen wird. Es wird daher gepflegt und darf durchaus auch etwas aufwendiger sein als das Mittagessen, wobei es den gleichen Grundsätzen folgt: Alle Nährstoffe sollen den Körper und Geist regenerieren, Farbenvielfalt, verschiedene Konsistenzen und Zubereitungsarten das Auge und den Gaumen erfreuen.

A. Misosuppe *(mit grünen Bohnen)*

B. Reis

C. Fleisch
Butaniko Shabu-Shabu
(Kaltes Schweinefleisch Shabu-Shabu)

Zutaten (4 Personen):
1 große Gurke
400 g sehr dünn geschnittene
Schweineschulter
Sauce:
1 Knoblauchzehe, gepresst
5 EL Sojasauce
1 EL Sesamöl

Zubereitung (30 Minuten):
1 Gurke schälen, längs und quer halbieren und in hauchdünne Streifen schneiden.
2 Gurken in Eiswasser ziehen lassen.
3 Schweinefleisch 1 Minute in Salzwasser kochen, mit etwas Eiswasser abschrecken und in einem Sieb abtropfen lassen.
4 Saucenzutaten vermischen.
5 Gurken abtropfen lassen und auf einer Platte verteilen.
6 Schweinefleisch auf den Gurken anrichten und mit der Sauce beträufeln.

D. Fisch
Shake no Shioyaki (Gegrillter Lachs)
Rezept wie Masu no Shioyaki Seite 162

E. Tofu
Hiyayakko (Kalter Tofu)
Rezept Seite 132

F. Gemüse
Yasaikinpira (Golden glänzendes
Gemüse) Rezept Seite 76

G. Tsukemono
Wakenegi na Karashiae
(Frühlingszwiebeln mit Senf-Soja-Sauce)

Zutaten (4 Personen):
2 Bund Lauchzwiebeln
16 cm Rettich
Dressing:
1 TL scharfer Senf
2 EL Sojasauce

Zubereitung (15 Minuten):
1 Lauchzwiebeln putzen und in einem großen Topf mit kochendem Salzwasser weich (mit leichtem Biss) kochen.
2 In kaltem Wasser abschrecken, abtropfen lassen, restliches Wasser ausdrücken und in 4 cm lange Stücke schneiden.
3 Rettich schälen und in 4 cm lange feine Streifen (Julienne) schneiden.
4 Zutaten für das Dressing gut verrühren, bis sich der Senf gelöst hat.
5 Das Gemüse in Schälchen verteilen und mit dem Dressing begießen.

H. Sake

Pikuniku

Ein Picknick im Grünen

Das Essen im Freien ist in Japan durch verschiedene saisonale Ereignisse geprägt. Es werden besonders schöne Plätze in der Landschaft ausgesucht, um im Frühjahr die Kirschblüte, dann die Azaleenblüte, die Sommerfeuerwerke, den Herbstmond und die Laubfärbung zu bewundern.

A. Reis

Onigiri (Reisbällchen)
Rezept Seite 32

B. Salat

Tofusalad (Tofusalat)

Zutaten (4 Personen):
4 Salatblätter
1 Tomate
½ Gurke
1 Karotte
¼ Rettich
1 Block Seidentofu
4 EL Mais aus der Dose
Wafusauce:
5 cm Lauchzwiebel, fein gehackt
3 EL Sonnenblumenöl
2 EL Reisessig
1 EL Sojasauce
1 Prise Zucker

Zubereitung (15 Minuten):
1 Den gewaschenen Salat in mundgerechte Stücke teilen.
2 Tomate vierteln.
3 Gurke schälen und in feine Scheiben schneiden.
4 Karotte und Rettich schälen und in feine Streifen schneiden.
5 Tofu in 1–2 cm große Würfel schneiden.
6 Alle Zutaten in einer Salatschüssel mischen und mit der Wafusauce übergießen.

C. Fleisch

Nikudango (Hackfleischbällchen)
Rezept Seite 42

D. Süßes

Anman (Gefüllte Teigtaschen)
Hefeteig siehe Seite 52
Füllung: **Anko** (Süßes Bohnenmus)

Zutaten (6 Füllungen):
300 g getrocknete Azukibohnen
350 g weißer Zucker
1 Prise Salz

Zubereitung (1 ½ Stunden + 1 Nacht Einweichzeit):
1 Bohnen waschen und über Nacht in Wasser einweichen.
2 In einem Topf mit viel Wasser aufkochen, abgießen und die Bohnen nochmals mit reichlich Wasser übergießen, aufkochen lassen und hin und wieder den Schaum abschöpfen.
3 Etwa 1 ½ Stunden köcheln lassen, bis die Bohnen gar sind (für eine ganz glatte Azukipaste können die gekochten Bohnen auch durch ein Sieb gepresst werden).
4 Dann so viel Wasser abgießen, dass die Bohnen gerade noch mit Wasser bedeckt sind.
5 Zucker und Salz zugeben und etwa 10 Minuten bei schwacher Hitze köcheln lassen, dann die Temperatur hochschalten und das Bohnenmus unter Rühren so lange kochen, bis die Flüssigkeit verdampft ist.

Variante:
Azukibohnen durch weiße Bohnen ersetzen und gegen Ende der Garzeit 200 Milliliter Schlagsahne hinzufügen.

Bento

Lunch in der Box

In Japan ist es üblich, zur Mittagszeit in der Arbeit und Schule sein selbst mitgebrachtes Bento auszupacken, das am frühen Morgen frisch zubereitet wurde. Man kann natürlich auch einige Speisen für die Bentobox bereits am Vorabend zubereiten oder Reste vom Vortag mit hineinnehmen. Es gibt in Japan aber auch allerorts und vor allem an U-Bahn-Stationen Geschäfte, die fertige, frische Bentoboxen in allen Geschmacksrichtungen verkaufen. Ansprechend wirkt eine solche Lunchbox dadurch, dass die Speisen und Dekorationen, dem Inhalt einer Pralinenschachtel gleich, in Miniaturform oder zumindest kleiner und zarter als üblich zubereitet werden.

Bento 1:

A. Gohan (Reis mit Erbsen und Mais)

B. Tori no Kara-age (Frittiertes Huhn)
Zutaten (4 Personen):
800 g Hühnerschenkel
8 EL Speisestärke
Öl zum Ausbacken
<u>Marinade:</u>
6 EL Sojasauce
2 EL Sake
2 EL geriebener Ingwer
4 Knoblauchzehen, geschält und gehackt
Salz und Pfeffer

Salatblätter
Kirschtomaten

Zubereitung (45 Minuten + 30 Minuten Marinierzeit):
1 Alle Marinadezutaten vermischen.
2 Fleisch mit der Haut von den Knochen lösen, kalt abspülen, trocken tupfen, in mundgerechte Stücke schneiden und für mindestens 30 Minuten in die Marinade einlegen.
3 Hühnerfleisch gut mit Küchenpapier abtrocknen und in Speisestärke wenden.
4 Überflüssige Speisestärke abstreifen.
5 Öl in einem tiefen, nicht zu großen Topf erhitzen (etwa 170 °C) und die Hühnerstücke darin in 4–5 Minuten

goldbraun ausbacken und wiederum auf Küchenkrepp abtropfen lassen.
6 Nicht zu viele Stücke auf einmal ausbacken, damit die Temperatur des Öls nicht zu schnell absinkt.
7 Auf Salatblättern anrichten und mit Kirschtomaten garnieren.

C. Okonomiyaki (Japanische „Pizza")
Rezept Seite 138

D. Budo (Weintrauben)

Bento 2:

A. Korokke (Kroketten)
Rezept Seite 40

B. Mini-Wiena
Miniwiener mehrmals einschneiden, in heißer Butter schwenken, mit Sojasauce übergießen und kurz ziehen lassen.

C. Tamago (Gekochtes Ei)

D. Potatosalad-Sandwich
(Kartoffelsalat-Sandwich)
Kartoffelsalat nach Rezept auf Seite 96 zubereiten. Je 3 Esslöffel davon zwischen zwei dünne Weißbrotscheiben geben.

D. Kyui (Kiwi) und **Sakuranbo** (Kirsche)

Gochisosama – Vielen Dank für das Essen und Trinken!

Backform-Origami
für den Kasutera-Kuchen auf Seite 146

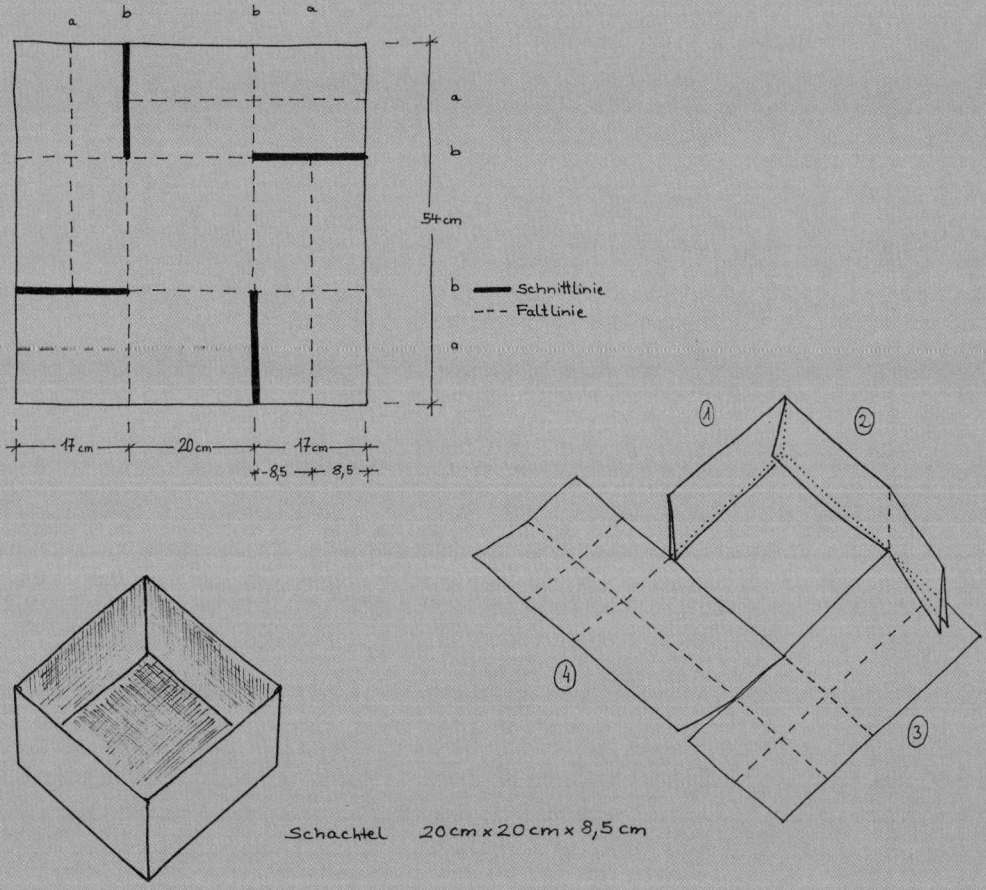

54cm

b ▬ Schnittlinie
- - - Faltlinie

17 cm   20 cm   17 cm
8,5   8,5

Schachtel   20 cm x 20 cm x 8,5 cm

1 Aus Papier (4 Lagen Packpapier oder 6 Lagen Zeitungspapier) Quadrate von 54 cm Seitenlänge zurechtschneiden.

2 Die Quadrate aufeinanderlegen und nach der Anleitung einschneiden und vorfalten.

3 Zunächst Seitenflügel 1 entlang der Faltlinie a halbieren und an der Faltlinie b hochfalten.

4 Den überstehenden Flügel (von Seitenflügel 1) nach innen zum rechten Winkel falten.

5 Die nächste Seite (Seitenflügel 2) an Faltlinie a halbieren und über den abstehenden Seitenflügel 1 falten, dann wieder an der Faltlinie b hochstellen.

6 Fortfahren mit Seitenflügel 3 und 4, bis eine Schachtel von 20 x 20 cm² Grundfläche und 8,5 cm Höhe entstanden ist. Dabei steckt der 4. Seitenflügel im 1. Seitenflügel fest. Falls nötig, die Ecken festtackern.

7 Zum Schluss die Form mit Backpapier (38 x 38 cm²) vollständig auskleiden.

Bei Gasöfen empfiehlt es sich, die Form außen zusätzlich mit Alufolie zu schützen.

Wenn man gleichzeitig mehrere Geschmacksrichtungen ausprobieren möchte, kann man 4 kleinere Formen aus Quadraten von 44 cm falten. Die Grundfläche ergibt dann 10 x 10 cm².

Verzeichnis der Rezepte

Bezugsquellen

Da die Rezepte in diesem Buch weitgehend ohne schwer zu beschaffende Zutaten zuzubereiten sind, verzichten wir auf ausführliche Bezugsquellen. Wir möchten hier nur auf zwei Internetversandadressen hinweisen, falls Sie mal eine Zutat nicht finden sollten oder noch weiter in die japanische Küche eintauchen wollen:

www.otsumami-land.de
www.gourmondo.de

Ansonsten gibte es inzwischen in jeder größeren Stadt gut sortierte Asienläden, die immer mehr auch japanische Artikel führen. In Großstädten findet man mit ein wenig Suchen auch Japanshops nur für japanische Lebensmittel.

Bei uns in München kaufen wir gerne hier ein:

Mikado
Fabergraben 10 (1. Stock)
80331 München
Tel. 089 / 26 02 46 23

Frischmarkt Sano
Frauenstr. 11
80469 München
Tel. 089 / 23 68 59 41
www.frischmarkt-sano.de

Dank

Wir möchten uns herzlich bedanken bei:

Yoshiko „Kogi" Koganea für wichtige Grundsteine zu diesem Buch.
René Heckmann für die Fotos und seine großartige Mithilfe.
Yoshiko Nishiyama Hilger (Fumis Mama), die mit ihrer Liebe zum Kochen beratend zur Seite stand.
Mark Schmidt für die Bereitstellung seines Fotostudios.
Michiko Kaneshiro vom „Campanula" (München) für Rat und Anregung.
Florentine Schwabbauer und Claudia Bitz vom Christian Verlag für ihr Engagement und Vertrauen in dieses Projekt.
Silvia Rehder für ihre aufmerksame Überarbeitung der Texte.

Ich danke Sascha, Luca Taiyo und Hannah Sayuri für ihre Geduld und Liebe. *F.D.*

Lieben Dank an meinen Vater, René und Sine für ihre Unterstützung und ihr Vertrauen in meine Arbeit. *A.S*